JN022876

日本の森のようちえん

自然の中で感性が育つ

森のようちえん全国ネットワーク連盟初代理事長

内田幸一 編著

ミツイパブリッシング

もくじ

教育は変わらなければならない
教育は変わることができる

学校法人きのくに子どもの村学園理事長・学園長　**堀 真一郎**

　まず、私たちの学園でのある日のできごとからお話します。

　見学に見えた方の一人からこんな質問をいただきました。

「この学校では体験学習がいちばん大事にされていると聞きました。たしかに子どもさんたちはすごく元気で、忙しそうにいろいろな仕事に取り組んでおられるようすがよくわかります。でも、こんな質問は失礼かもしれませんが、体験学習中心の学校で、あのう……学力は大丈夫なのでしょうか」

　たしかに実際生活におけるさまざまな体験を学習の中心に据え、そこからさまざまな方向に好奇心や知識を広げていくのが、私たちの基本的な考え方です。それを承知で見学に見える方々から、このような率直な質問が出されることはほとんどありません。さて、どのように答えようかと思案しているちょうどその時、一人の卒業生が通りかかったので呼び止めてたずねました。彼女は進んだ高校の振り替え休日で母校へ遊びに来ていたところでした。

「ねえねえちょっと、○○ちゃん、どうだい、高校では勉強で困ってないかい」

　彼女は即座に答えました。

「あのね、堀さん。高校では、中学校の時よりずーっとラクだよ」

「へえ、そうなの？　どうして？」

「だってね、高校ではね、先生の話を聞いているだけでいいんだもん。でもさ、中学校の時はメチャメチャ忙しかった」

　この日の○○子ちゃんとの短いやりとりこそは、はからずも日本の学校教育の最大の問題点をあぶり出しています。先生は話す存在、子どもは聴

4

く存在という構図です。つまり授業とは知識や情報の伝達であり、学習とはその知識や情報を受け取ることにすぎません。子どもたちが好奇心に駆られてじっくり考える余裕がありません。

　私は大阪市立大学に勤めていたころに行った小学生（高学年）の生活実態調査で、こんな質問を入れておいたことがあります。

「あなたは、学校でいちばん楽しいのは何ですか」

　どれくらいの子が、もっとも楽しみなのは「授業」または「学習」と回答したと思われますか。結果は惨憺たるものでした。田園地帯の子で５パーセント、大都市ではたった２パーセントだったのです。この結果を見て、私たちは「学習の質そのものを革新する」という大きな目標を掲げて学校づくりに取りかかったのでした。

　○○ちゃんが「中学校ではメチャメチャ忙しかった」と振り返ったのは、したいこと、興味を惹かれることが山ほどあって、あれもしたい、これもしたい、時間が足りないと思いながら、興味と好奇心がいっぱいの毎日を過ごしていたからではないでしょうか。

　まだ小学校に入る前の幼い子らでも同じように、あれもしたい、これもしたい、時間が足りないと嘆く姿を私は知っています。大学勤務中に開いていた時の幼児教室に通ってきた子たちです。近くの幼稚園から希望者の園児たち計90人くらいが、おもちゃ作り、料理、絵本作りのために週１回やってきていたのです。多くは４歳児と５歳児でしたが、３歳の子も少し入っていました。

　この教室では、おもちゃ作りを例にとると、子どもたちがすぐにでも取りかかりたくなるような魅力がいっぱいの見本と十分な量の材料がそろえてあります。しかし、肝腎の作り方はおしえてもらえません。ああでもない、こうでもない、困った困った、などと言いながら、時には友だちのようすを盗み見たり、さりげなく相談し合ったりしながら作業を進めます。この「大人に助けてもらわないで仕上げた」という喜びと満足感、これこそが私の幼児教室の魅力でもあり、参加している子らが定刻よりずっと前

にやってくる理由でもありました。

　この幼稚園児の子らの何人もが、小学校へ入学した後も研究室に出入りするようになり、毎年、夏休み中には5泊6日の「サマースクール」が計画されました。その時のある日のことです。午前中に宿舎（1軒の空き家）の近くの子ども向けのアスレチックスへ、午後には何もない広い河原へ出かけました。河原にはたくさんの石ころと冷たい水があるだけで、ほかには何もありません。

　夕食後に子どもたちにたずねました。午前のアスレチックスと午後の河原のどっちが楽しかった？　彼や彼女たちの反応は、どうだったと思われますか。

　子どもたちの答えは、河原の方が楽しかったという子は22名、アスレチックスの方がよかったという子は1名でした。アスレチックスは大人たちが子どもたちのために周到に計算して、お金もかけて用意されたものです。自然のままの河原にはそんなものは何一つありません。しかし子どもたちを感動させるもの、たとえばとっても冷たい水、そして、いろいろな遊びを工夫する自由があったのです。

　自然の中にも、そして日ごろの生活にも、子どもたちに「あっ、これ何？」「うーん、困った。さて、どうしよう」「何とかしたい」などと子どもたちの心に訴えかけるものが、ありあまるほどあるのです。

　こんなわけで私は、内田幸一さんはじめ本書で紹介されているみなさんの、そして森のようちえんに参加されている方々のいっそうのご発展におおいに期待しています。

　最後に、5ページで紹介した調査のその後についてひとことつけ加えておきましょう。きのくに子どもの村学園の創立25周年にあたって、あの時と同じ質問を小学校の高学年の子にしてみました。私たちの学園の授業、つまり「プロジェクト」という名の体験学習が何より楽しいという子と、基礎学習が一番だという子は、合わせて58パーセントを超えました。

今なぜ、
森のようちえん
なのか

chapter **1**

新しい学びのスタイル・森のようちえん

内田 幸一

子どもの成長を見つめて 40 年

　自然の中で幼児教育を行うことをめざして、私が園を立ち上げた 1983 年には、まだ「森のようちえん」という言葉はありませんでした。その時の名称は「小さな山のようちえん・子どもの森幼児教室」でした。そこでは、園舎を自ら作り、野菜やお米を作り、自然の幸（木の実や山菜、きのこ、その地域の産物）を使い、小動物を飼い、おもちゃも遊具も手作りし、四季折々の自然の中で、先人の知恵に学んだ生活を子どもたちと共に行いました。すべてが手作りで、自然に根ざした人の生活そのものでした。

　やがて、子どもの成長に対して自然がどんな役割を持っているのかを、考えるようになりました。また、子ども自身がどのようにして成長するのか、日常とは子どもにとってどんな意味を持っているのか、大人は子どもたちに何を提供すればいいのか考えました。この問いは、保育、もしくは幼児教育の本質を考えることでもあります。長い時間をかけ、このことを

何度も何度も考えてきました。もしかしたら、この問いの答えが「森のようちえん」なのかもしれません。

　少し昔話をさせてください。1970年代、私が大学１年生ごろのことです。在学していた和光大学は開校10年目くらいで、大学としては歴史も浅く、自由な校風が学内を包んでいました。

　心理学の講義を受けていたある時、講義の終わりに教授が「私が関わっている幼児教室で、子どもと遊んでくれる人を探している」「誰か引き受けてくれる人はいないか」と言いました。ぼんやり聞いていた私でしたが、当時写真の題材を探していた私の脳裏に子どもの姿が現れ、写真のイメージが浮かび上がりました。少し前後関係は省きますが、この幼児教室のお兄さんを在学中の４年間、つとめました。当初は、子どもたちの写真を撮るのが目的でしたが、私の中にある変化が生まれてきました。どうして生の子どもたちともっと関わらないのか？　ファインダー越しの子どもではなく、目の前にいる子どもに直に手を伸ばさないのか？　その問いはどんどん大きくなり、やがてカメラを手にすることはなくなりました。

　今から思えば、この幼児教室は森のようちえんそのものでした。一般的な園舎はなく、天気さえよければ毎日のように外に出かけていました。拠点としていた多摩の丘陵地帯には、子どもたちがもぐりこんで遊べる自然がたくさんありましたし、小さなリュックには、お弁当と水筒、着替えに敷物が入れられ、遊び場を求めての放浪散歩が日常でした。後に「森のようちえん」をイメージする際に、この幼児教室の存在は欠かせないものでした。

大人がおしえることのできないこと

　私は、幼児期に、その子の持ち味を存分に発揮できる機会を作ってあ

げたいと思っています。さまざまに巻き起こることをそれぞれの子が感じ、子どもたち自身がすり合わせ、折り合いをつけることが大切です。受容や否定、協調や対立などを通して、子どもたちは思いやりや、相手の立場に立つことなどを身につけていきます。そのプロセスは、複雑に枝分かれする樹木のようです。そしてこのことは、大人がおしえることのできない、子ども自身が体験から学ぶ以外にないものなのです。

　自然の中にいるだけでは「森のようちえん」とは言えません。自然は目的ではありません。自然の中で、何を子どもたちがしているかをよく見てください。まずは見えることからで、いいのです。子どもたちは自然界にあるものに興味関心を持ち、手に取って見たり、においを嗅いだり、時には口に入れて食べることもします。虫を捕まえ、枝を拾い、花々を摘み取ります。草むらを走り回り、水や土や石をおもちゃにして遊びます。自然のさまざまな事物と自分の関係を、一つ一つ確かめているかのようです。

　自然の中で過ごす時間が多い子どもは、たくさんのことを発見します。つまり、自ら気づくという体験を、数え切れないほどしているのです。何に気づいているかを私たち大人が知るすべはありませんが、子どもたちの

言葉の端々に、そうした発見が出てきます。

　風に木の葉がゆれて、カサカサと音がしています。それを聞いていた子が「木がお話ししているよ」と話してくれます。水芭蕉の群生から離れたところに小さな水芭蕉が咲いているのを見つけた子が、「水芭蕉さんさびしいって言っているよ」と言ってきます。身のまわりの事象やようすをとらえていることは確かです。

　こうした、自らが何かに気づく能動的な体験の積み重ねは、好奇心や興味関心の世界を広げます。そしてその気づきが、自然を対象に行われていることに大きな意味があります。多様で、不思議に満ちあふれ、時間や季節、気候によって変化する。自然には無限の広がりと可能性があります。そんな自然との関係を幼い時から持つことができるのが、「森のようちえん」の魅力でもあります。

　そうした体験を重ねた子どもはやがて、自分の気持ちの世界や、自分以外の人の内面のようすにも気づくようになります。幼児であっても相手の気持ちを受け止め、理解し、他者の気持ちに寄り添うようすを見せるようになるのです。

未来への感性を育てる

　私の子どもの頃、未来は今よりもっと良くなるし、経済発展が問題の解決につながると、子どもなりに思っていました。しかし、現実はそうはうまくいかないようです。別の道を探す旅をしているうちに、森のようちえんにたどり着いたように思います。

　人の成長は個人の問題にとどまらず、人類の成長が、個人の将来に影響を及ぼす時代に入りました。人の不安はいつの時代にもありますが、現代社会は肥大した不安が、さまざまなかたちで個人に影響を与えていると思います。その不安をもっとも直接的に感じているのは、子どもを抱える母親たちでしょう。そして森のようちえんは、そうした母親たちの期待に支えられて広がってきました。森のようちえんを選ぶ親は、未来のいかなる社会変化の中でも、子どもに自分で歩む道を自ら決められる人になってほしい、そして困難をものともしない自由さを獲得してほしいと、願っているのです。

　これからの時代、自律性と主体性はより求められ、協調と融和・支援力のある社会が望まれることになるでしょう。ではそのような社会を作ろうとする一人一人の感性は、どこで育てるのか。能力主義や競争社会の教育では育たないことは誰にもわかるでしょう。

　幼児の成長はめざましいものです。それだけに、間違った教育を行うことも可能です。これまで幼児の能力を引き出す行為を行い、そこに現れる成果を才能と呼ぶことがありました。現在もそうしたことは繰り返されていますし、それをめざす動きもあります。森のようちえんに通わせると自尊感情が育つ、リスクへの対応力が育つなど、目的思考的な教育観で選ぶ保護者もいることでしょう。この森のようちえんへの正しくないとらえ方も、森のようちえんを行う私たちの表現力の足りなさが招いているとも言えます。森のようちえんの運営者は子どもとどう向き合い、何が育っているのか、正しく伝える努力を常に行う必要があります。

　森のようちえんの保育者は、子どもとの関係にもっとも神経を使っているでしょう。自分の働きかけがどのように子どもに作用するのか、子どもの反応をつぶさに観察しているでしょう。そして子どもの問題を指摘する前に、自分の関わり方について見直すことを行うでしょう。具体的には、指示型の関わりは少なくなり、対話型で子どもからの発語の機会が多くな

るように関わることになります。子どもの意思を尊重し、子どもの発言の機会を作ることで、子どもは自分の気持ちや状況をより明快にとらえることができるようになります。そして子ども自身が自ら決定し、自ら行動する状況が生み出されるのです。こうした関わりは、自分が他者に認められ、自分も行動を自己決定した体験になります。結果的に自尊的感情と自律性が同時に成立し、主体的な動きが生まれます。

森のようちえんの３つの要素

　自然の中で自由に遊ぶことは、確かに森のようちえんの多くの時間をしめています。しかしだからと言って、それが森のようちえんのすべてではありません。前述のように、自然は子どもにさまざまな成長の機会を与えます。そこに関わる保育者は、子どもたちが引き起こすさまざまな人間関係を見守り、子どもの経験値を深めるための体験を提供します。つまり森のようちえんは、「自然環境のもたらすファクター（環境）」と「子どもたちの関係や遊びの世界（子どもの世界）」と「保育者が提供する経験値を

深める活動（保育者の関わりと活動）」の３つの要素で構成されています。この構成のバランスを保つことにより、子どもたちは主体的な自律性を発揮し、公正な人間関係を築き、体験を通じた経験値を深めることができます。この３要素のバランスを充分に考えて活動しているのが、森のようちえんと言えるでしょう。

　子どもの何にも染まっていない感性に、どんな刺激を与えたいと思いますか？　と私が質問した時に多くのお母さんたちは、「豊かな感性を育てたい」と答えます。豊かな感性を育てるという答えは、いつの時代も変わってはいません。ただ時代により、この豊かな感性とは知性だったり、音楽や芸術などの創造力だったり、運動能力だったり国際感覚だったりと、さまざまに変化してきました。そして現代は、豊かな感性とは人がもたらす刺激ではなく、自然から、それもその子自身の興味関心により獲得される感性を指すようになっています。それに気づいた親たちが、森のようちえんを選んでいることは間違いありません。

　ではなぜ、自然の中で育つ感性が求められているのでしょうか？　ここからは私の意見として、考えてみたいと思います。

　人が作り出すさまざまなものや行為による公害や海洋汚染、環境破壊、気候変動が深刻な問題になっています。資源の奪い合いや紛争・軍拡も止まらず、人口問題、グローバル化、急激な技術革新、競争社会、格差社会などなど、豊かで気持ちの安らぐ平和な未来を求めているはずが、現実の世界は危うさをおぼえることばかりが広がりを見せています。特に子育て中のお母さんたちは子どもの将来を思う中で、より敏感に未来に対する不安を抱いています。20年後、30年後の社会を思い描いても、希望にあふれた明るい世の中をイメージできないほどの、不安の中にいるのです。

　子育ての尽きぬ悩みだけでなく、そうした将来への不安を抱えながら、日々わが子と向き合わねばならないのが現在のお母さんたちです。そこでわずかではありますが、光明として見えて来たのが森のようちえんなのです。人が作り出した喧騒や目まぐるしく動く人工物から離れた自然の中で、季節の変化を感じながら森の草花や小さな生きものとふれ合い、水とたわむれ、泥んこ遊びに興じる。風が木々の葉をゆらし、耳にするのは虫の音や鳥のさえずり、子どもたちの遊ぶ声だけ。まさに自然の中には、人が人であることに安心していられる空間があります。そこには人が作り出した、人の感性を歪めるような刺激がないのです。

　森のようちえんに一度足を踏み入れた人たちは、子どもだけではなくその家族全員が、この空間にある安らぎに気づきます。それは、時間に追われ、仕事に追われる毎日の中では得られないものです。何に束縛されることなく、無邪気に遊ぶわが子の姿に自分を重ね、大人も心穏やかに安らぐ自分を感じることができます。

30年後のための教育

　今、私たちのまわりにいる子どもたちが大人になるころには、子どもたちはどんな仕事につき、社会はどう変わっているでしょう。これからの30年は過去100年の進歩をはるかに凌ぐでしょうし、想像を超える変化を生み出すでしょう。高度なテクノロジーにより、食糧をはじめ人が必要とするものは自動化された工場の中で生産され、人は過重な労働から解放されているかもしれません。人々が労働の対価として、金銭を得る必要のない世界になっているかもしれません。私には、ロボットやAIがどんなものになっていくのか、想像すら難しいことですが、だからと言って未来

をそれほど悲観的にはとらえていません。

　人間は、自らの体を変化させるような進化はしてきませんでしたが、集団を構成し、コミュニティを発展させ、社会を作りあげてきました。社会はさまざまに変化し、時には間違った道を進むこともありました。社会を間違いのない習熟した方向へ進めるためには、社会の一員である個人個人のあり方に答えがあります。未来はより民主的ではなくてはなりません。一人一人が自ら考え、間違いを少しでも減らし、人類にとって共通の答えを導き出さねばなりません。そのためには誰もが正当に意見を述べ、社会的合意形成を生み出すことが大切です。しかし、これを阻もうとする障壁は私たちの中にあります。あきらめや孤立に苛まれることは誰にもあります。個人の力は弱いものです。しかし、個人の力からすべては始まり、一人一人の正当な考えはやがてつながり、大きな力になります。人類の過去の過ちは繰り返してはなりません。そのことを未来に伝えるために、人類は歩んで来たとも言えます。

　私たちは幸いなことに、子どもたちに関わる立場にいます。そして私たちには、まだやり残したことがあります。森のようちえんが新しい教育の

スタイルを示唆していることを、多くの人たちに知らせなければなりません。これまでの教育は知識習得に偏り、習得度を測るための点数化が行われてきました。子どもたちは、成績の良し悪しが人の価値まで決めてしまうかのように誤解しています。社会が急速に変化しても、教育のかたちは昔のままです。日本は教育に関してはとんでもなく遅れた国と言わざるを得ません。

　考えを明確にするために知識は必要ですが、知識の習得は考えることにはつながりません。考える力を伸ばすためには、考える機会をたくさん持つことが必要です。それは問題集に書かれた問題を解くことではなく、実際の中で考え実践の中で行う必要があります。

　森のようちえんに通う子どもたちは幼児です。彼らは知識によらず、考えをさまざまにめぐらします。まさに実際の中で考え、友だちや大人に自分の考えたことを伝えます。考え出したことが正しいか正しくないかは、ここでは問題にされません。そしてさらなる考えの深さを増すことに、驚かされます。この、実際の中で考え実践につなげる機会を幼児期以降の子どもたちに与えたら、どのようになるでしょう。それは、教科書や本を読

んで学ぶこととは全く違った、新しい学びのスタイルです。そしてこの学びは、実際や実践を実らせるための知識を自ずと求めることになります。

　森のようちえんでは、この新しい学びのスタイルの基礎的な取り組みが行われています。子どもたちは自然の中で、興味関心のあることにじっくりと取り組み、遊びを通して仲間と会話し、考えたことを伝え合い、さらに遊びを発展させます。そうした日常の中で繰り広げられる子どもたちのようすを保育者はつぶさに観察し、そこで起きる問題や課題を子どもたちのコミュニティの中で、解決するための話し合いの機会を持ちます。

　こうした場面では、発言の機会を保証し、実際に起きたことを生かして意見交換が行われます。幼い子どもたちが問題や課題を解決する糸口を見つけるためには、子どもたちの純真さに呼びかける保育者の言葉かけが必要です。

　そして子どもたちは、純粋な感性で保育者の問いかけに答えます。その答えが子どもたちのコミュニティの中に広がり、共通理解が生まれます。そしてこの共通理解が解決の扉を開きます。こうした取り組みが繰り返される中で、子どもたちは問題や課題を解決していく経験を積み重ねます。子どもが実際の中で起こる問題や課題を発見し、それを解決するための取り組みを行うこと自体が新しい学びのスタイルと言えます。

　この新しい学びのスタイルでは、発言の機会と意見を聞くこと、そして共通理解を生むプロセスを経て民主的な解決へつなげることを保育者は意識しています。森のようちえんではそれほど複雑な問題や課題が起きるわけではありませんが、幼児期であってもこの学びのスタイルを行うことが大切です。

　人間が生み出す問題を解決するためには、自ら考えたことを実際の行動につなげること、考え行っていることを人に伝えること、そしてそれを、より大きなコミュニティにおいて行うことが必要になります。これからの教育は、そうした力を育てることが求められます。創造性にあふれ好奇心旺盛な感性を持って、未来を切り開いていく人材は、森のようちえんの中で行われている、自らの課題を発見しそれを解決していくための、小さな取り組みから育っていくと私は思うのです。

森のようちえん を作った 園長たちが語る

chapter 2

毎日、
おなかがすくまで
遊びこむ

認定こども園　山の遊び舎はらぺこ【長野県・伊那市】
小林成親

住所　長野県伊那市手良中坪 1452
活動開始　2005 年
活動日　月〜金　8：00〜16：00
対象　2〜5 歳児
定員　23 名
HP　https://harapeco.org/

A1　子どもたちを見守りつづけて

「どうしてしまったんだ？　子どもたちは」

　二十数年前、小さな園庭で、とまどいへの答えがどこかに見つかるのではないかというように、空を眺めていたことを思い出します。

　長野県の人口2000人たらずの小さな村の小さな保育所で、私は主任として働いていました。御嶽山という雄大な山のすそ野に広がる高原地帯で、蕎麦や白菜やトウモロコシの栽培、また在来種である木曽馬の育成にも力を入れている自然豊かな場所です。しかし1990年代終盤の当時、子どもたちは都会型の、屋内でほとんどの時間を過ごすような生活でした。

　また、子どもが子どもを刺し殺したり、子どもが家族を殺めたり、大人が無差別に子どもを襲うために学校へ侵入するといった事件が続き、一方では「学級崩壊」という言葉が生まれ、子どもたちに何かが起こりはじめていました。

　私の現場でも子どもたちの姿を見ながら、何度も話し合いを行いました。長期的、俯瞰的な話はもちろん、具体的にどう子どもたちに向き合っていくのか、子どもの日々にはいったい何が必要なのか考え続けました。

　しかし、出てきた結論はいたってシンプルでした。それは「毎日、おなかがすくまで遊びこみ、たくさんごはんを食べて、しっかりと休もう」、そして「それを、この豊かな自然の中で行おう」というものでした。

A2 肯定感の中でのびのび育つ

　もともと散歩などの保育内容が多かった園ではありましたが、そこをもう一歩踏み込み、自然の中で過ごす時間を大幅に増やしました。森、川、畑、そこに道があってもなくても毎日のように探検に出かけ遊びました。すると、子どもたちの姿にいちじるしい変化が起きました。表情、特に目の輝きの違いを思い知らされました。しなやかさとたくましさをあわせ持った子どもたちは、ほれぼれするくらい幸せそうでした。

　一方で、公立保育園だったため、保護者からの反発も少なからずありました。「こんなに豊かな自然に囲まれているのだから、子どもたちはもう十分自然との関わりを持っている。そんなことよりも園では就学に向けて困らないような活動を行ってほしい」という趣旨のものでした。

　実際には子どもたちの変化はめざましかったので、そのことをどう保護者に伝えていくのかが、次の課題となりました。さまざまな方法を考え行いましたが、結局は保護者に実際に来て関わってもらい、感じてもらうことがいちばん伝わる、ということが見えてきました。ことあるごとにそういったチャンスを増やしていくと、さらに祖父母の方々に子どもたちのようすを感じてもらえる場も、自然に生まれてきました。大人たちが、子ども一人ひとりのかけがえのなさを共有し、彼らの存在に対する肯定感が醸成され、それが子どもたちに伝わっていったと考えています。

A3　未来に生きる子どもたちへ

　時が進み、私は別の場所で別の保護者たちと「山の遊び舎はらぺこ」という園を立ち上げました。「自然」と「人」との関わり合い、混ざり合いを大切にしたいと考え、それを暮らしの中で共に味わう日々を過ごしたいと考えました。

　きっといつか、子どもたちもまた家族を持ち、他者と関わりながらその次の世代を育もうとするでしょう。

　どんな時代であろうと、大切なものはかなりシンプルです。

「私というかけがえのなさ」は、関わり合いの中でしか生まれません。

　お互いの「こころ」をはぐくみ合える関係性を築き、日々の暮らしやさまざまな活動を通してつながり合う小さな社会は、その基盤を「愛」としています。その「愛」の尊さは、子どもたちが乳幼児期に体験したすべてのことから始まります。いくら大事なことでも、その大事なことが充足している社会を作るのは本当に難しいことですが、はらぺこが前を向き続けることで、わずかでもそれが実現する社会をめざしたいと考えます。

A4 フェイクをしない

　子どもたちには、限りなくフェイク（偽り）なしで向き合い続けたいと望んでいます。といって、感情をそのまま伝えるわけではないですが。そのためにはある程度、自分の調子を整えておく必要があります。体調だけでなく、好奇心や視野、しなやかさなど心の動きも含めて。子どもたちの豊かな時間とつながれるような言葉や行動を、常に心がけています。

　また、子どもたちが生み出す遊びのうねりを素早くキャッチしたいと思っています。それは大きな渦となり、何人もの友だちを巻き込みながら遊び続けることもあれば、自分だけの渦でありながら満足感の高い遊びになることもあります。生まれてすぐに消滅する渦もあれば、ずいぶん長く続くこともあります。そんなことを一日の中でいくつもキャッチし、子どもたちの今の充実度合いを推しはかりながら、渦から生まれた「点」を「線」でつないだり、全体的な「面」に広げたりもしています。

　さらに、子どもたちと季節の変化をさまざまに発見したり味わったりしながら、めぐる季節を楽しみます。「めぐる」という感覚は「暮らし」の流れの基本だと考えます。

A5 心を開いて 子どもたちに関わる

　私自身自分の子どもが生まれた時に、自分の存在を自分で認めることができました。子どもの存在が、今の自分を作っています。大人はたくさんの子どもに出会ったほうがいいのではないかと時々考えます。

　かつては誰もが子どもでした。大人たちが自身の子ども時代のように心を開いて今の子どもたちに出会えば、世界のありようが少し変化するのではないかとすら考えます。教師や保育士という役で向き合う必要もなく、「私自身」を素直に出し合いながら関わり合えれば、お互いの幸せ感につながってくると考えます。

　はらぺこでは多くの子どもたちと出会い、向き合うことができます。「幼児期」のみならず「学童期」や「青年期」の子どもたちとも、その気があれば関わることができます。自分の子どもだけではない人たちと多くの時間を過ごすことの豊かさは、大人たちにとってかけがえのない時間となります。このことにもっと多くの大人たちが気がつけばいいのにな、と勝手に思っています。関わりは時に「大きなお世話」を醸し出しますが、それがまた大切なこともあるのだ、と感じています。

A6　「たからもの」

　森のようちえんは多くの大人が子どもたちと出会える場であり、子ども
たちにとっては自然や仲間や大人たちと関わり合いながら遊びを重ねる場
であり、機会であり、時間であり、暮らしである。それらがささやかなが
らも生み出せることが奇跡であり、必然であり、宝です。

　雨が降れば物陰に隠れて雨をやり過ごそうとする生きものもあれば、雨
の中飛び立つものもいる。どんな生き方であっても、生きているこの世界
を肯定し、命を肯定し、人生を奏でる。その音楽の存在を感じ、耳を傾け
ながら、暮れていくことができれば幸いです。

「人間」という「自然」の変化がどうあるべきなのか、森のようちえんは
これからも考え続けていく必要があり、その現場にはヒントがたくさん転
がっています。

　子どもが「育つ」とはどういうことなのか。時代の変化に翻弄（ほんろう）されるこ
となく子どもを見つめていける場として、「はらぺこ」が機能していくこと。
「世界には面白いことが満ち満ちている」と、あらゆる世代の人びとが集い
語り合いながら、明日に夢を見る。多くの森のようちえんが持つ「希望」
が、明日へとつながることを願っています。

自然と調和した子どもと大人の居場所づくり

森の風こども園【三重県・菰野町】

嘉成頼子

住所　三重県三重郡菰野町千草1622
活動開始　2007年
活動日　月～土　7：30～18：30
対象　0～5歳児
定員　62名
HP　https://morinokaze.net/

A1 子どもたちに 希望を残していきたい

　2000年前後に続いた青少年による犯罪は、同じ世代を育てていた私にとって他人ごととは思えませんでした。事件を起こした少年とその家庭だけが特別なのではなく、社会全体の「いのちの感覚（生きているという喜び）」が薄れる中で出現した事件で、自分自身も例外ではない、と感じたのです。1996年の中央教育審議会の第一次答申で「生きる力」という言葉が初めて登場しました。命の大切さを教えようと「いのちの授業」が行われ、自然体験もあちこちで提供されましたが、生活とはつながらないもので、違和感をおぼえました。そのような社会の動きの中で、「知識の切り売りや小手先の技術では間に合わない時代になった」と感じました。

　そんな折、鈴鹿山脈の麓の小さな村に引越すことになりました。村の中はごみ一つ落ちていない、手入れの行き届いた庭、暮らしが整えられている……村の人たちの生活する力に圧倒されました。たわわに実った稲が美しい田んぼの中を走りながら、さらに思ったのです。「たいへん！　私は自分の食べる米すら自分で作れない！」……衝撃でした。

　原野になっていた田んぼの開墾を始めました。田に水を引いてくると、わくように水生昆虫が現れました。夜には蛍が飛び、毎年、増えていく。がさがさと野ウサギの歩く音が聞こえ、出会ったことのないトンボたち、小鳥のさえずり、初めて聞くカエルの鳴き声。これまでにない心地よさと驚きの中、「ここだ！　ここに子どもたちをゆだねたい！」と思ったのでした。

大地にはしっかりと両足をつけて立ち、両手は愛の仕事のために働く子どもたち

「いのちの感覚」「生きている歓喜を体に刻み込んでもらいたい」と、子どもたちと共に自然の中に飛び込んだ時、子どもたちの見せてくれる姿は、それまでに私が知っていた「子ども」の枠をはるかに超えるものでした。

初めて年長組が12枚の苗箱の苗を田植えした時のことです。1時間半、あたりまえのように嬉々として苗を植え続ける子どもたち。ほかの園の田植えも手伝っていましたので、その違いに「あれ？」と思いました。泥の中、体のバランスを取って歩くだけでも力のいることですが、意欲も集中力も衰えず最後まで植えきったのです。その時の子どもたちの顔は輝いていました。

山の斜面を走り下り、川を飛び越え、飛び降り……里山を縦横無尽に歩き続けているうちに、体が育っていたのでした。「体の力は心の力だ！」と納得した瞬間でした。

いのちの営みと共にある生活の中で私の感じていること、したいことが良く判り、「私」がくっきりとしてきます。それと共に一緒に感動したり、喜んだり、助け合ったり、「私たち」でいることがとてもうれしくなります。子どもたちが本来持っているものが、浮かび上がってくるのです。

子どもたちが希望を持って生きていける環境と、希望を持って生きていける体を子どもたちに残していきたい。

A3 自然の営みの中で暮らすこと

　一昔前の人々の、手足を使った暮らしをなぞりたいと農を保育の基盤に置きました。

　見はらすところはすべて園庭。一昔前の子どもたちが遊んでいたように、山の中を歩いたり、川を歩いたりしていると、大人も子どもも体が喜び、驚きや発見があります。ある時、「あ！　ここは鹿の角山（自分たちでつけた名前）じゃない？　たしかめてこよ！」と斜面を駆け上がって行って、見渡せるところから位置を確認し、「やっぱり鹿の角山だ！」という３歳に感動しました。「私たちってすごいね。どこへ行ってもようちえんに帰って来れる！」頭の中に暮らしの場の地図ができていくようでした。細胞レベルで自分の中の何かがよみがえってくるような感覚でした。

　子どもたちがワクワク、ドキドキするような環境。原色の感情が湧いてくるような環境。突然雨が降ってきたり、チョウチョが飛んできたり、ヘビがやってきたり、足の裏をくすぐりながら流れていく砂や、子どもたちの挑戦を阻むような岩など、自然環境の中でしか出会えないものは私たちを驚かせたり、感動させたり、深く考えさせたりします。

　子どもたちが持っている、人としての本来の力がむくむくと動き出す、自然の営みに沿う暮らしを保障していきたいと願っています。

A4 本当の自分で共にいることから

　森の風のスタッフになると、「どうしたかったの？」「何がしたいの？」「どう感じたの？」とよく聞かれます。それに良い悪いはありません。子どもたちとの関係は、本当の自分で共にいることから始まります。自分の中に何が起きているか、今自分は何をしているか、自分で理解することが大切です。自分のことはけっこうわからないことが多いのです。混乱している時もあります。自分の我を振り回している時もあります。

　月一回、スタッフ全員の会議をします。その時に「幼子発見」という時間を設けています。子どもの姿に我を忘れるほど見とれてしまった、言葉を失うほど感動したことを発表します。「あの子のこの行動はすばらしかった」とか、自分が保育者としてどうであったかという評価に落ち着くことを求めてはいません。保育者としての自分が、無になる時を求めているのです。子どもたちからこぼれ落ちてくる豊かさ、人としてのすばらしさを両手でそっといただくような、そんな感覚なのです。

　保育者として何を願っているか、どうしたいのか。それをはっきり持っていながら、なおかつ、それを手放せる保育を求めています。それは存在として相手と出会う瞬間と言えます。

　子どもたちはもちろん、スタッフ一人一人とも、そのように出会いたいと思っています。

みんなで助け合う場所を作ろう

　ある方から手紙をいただきました。「『手は愛の仕事の為』という言葉を初めて聞いた時のことを思い出しました。それは森の風へ娘（現在高校2年）が入園している時、森の風セミナー（お母さんのための学習会）でのことでした。下の子が数カ月、娘が年中さんでただただ必死に毎日を過ごしていた私に、一筋の光がさしたようでした。次から次へとやらなくては!!と思っていた家事（確か食器を洗っていた時）。はっ！　と「あ〜私、愛の仕事をしてるんだ」と泣きそうな気持ちになったのでした。自分が愛おしくなりました。森の風と出会ってこんなに長いお付き合いをさせていただけるとは、あの時の私は知りませんでした。たくさんのお恵みを（人生の！）ありがとうございます」

　感情はお天気のように変わっていきます。大嵐の時もあります。でも動かない山のように、あなたの手足のついた体は、あなた自身はそこに在るのです。そして、それが尊い。

　でも、人は弱いので、助け合える仲間がいりますね。森のようちえんは「みんなで助け合う」ことがあたりまえのようにできる場ですし、そうありたいとみんな思っていると思います。

　それはたぶん、自然の中で暮らしているからです。

A6 手から手へ、人から人へと平和をつなげる場

　認可外保育施設の時から一緒に森の風を創り上げて来てくださった保護者の人たちと子どもたちは、皆、志を同じくしてきました。

　2021年に社会福祉法人を立ち上げ、認定こども園になる時に、卒園生のお母さんたちを中心に、一緒に働いてくださる方を募（つの）りました。給食室に野菜を届けてくれる「たねとて農園」の人たち。給食室でお昼ごはんやおやつを作ってくれる人たち。さらに保育を一緒にしてくれる人たち。子育て支援をしてくれる人たち。事務で支えてくれる人たち。小学生のための「森の風しぜん学校」でスタッフとなる人たち。総勢45名。人の輪が広がって、つながって大きなエネルギーとなっています。

　2007年に7名の子どもたちと始めた「森の風ようちえん」が16年経って、この里で0歳から小学6年生まで毎年160名以上の子どもたちが「森の風こども園」や「森の風しぜん学校」を拠点としながら、育っています。

　これは一粒の種が30倍、50倍、100倍と増えていくように、人の内側にある優しさや温かさがつながりあって広がり、おのずと「場」ができてきたのだと思います。何度、「私の計画ではなかった、大きな自然の目論見だったのではないか」と思ったことでしょう。いただいた恵みは大きすぎるので、さらに多くの人たちと分かち合いたいのです。

©ちびっこぷれす編集部

ほんものの
自己肯定感を育てる

森のピッコロようちえん【山梨県・北杜市】

中島久美子

住所　山梨県北杜市須玉町上津金 1244
活動開始　2007 年
活動日　火〜金　9：30〜14：15（長期休みあり）
対象　3〜5 歳児
定員　30 名
HP　https://mori-piccolo.jp/

©ちびっこぷれす編集部

©ちびっこぷれす編集部

A1 管理教育で大丈夫か

「先生、泣いていいですか」

　これは私が幼稚園に勤めていた時に、子どもから言われた言葉です。とてもショックでした、感情まで管理していたのかと。今でも思い出すと鳥肌が立ちますが、そんな思いから大人が管理せず、子どもが自分で考え判断し、失敗する自由も保障された園はないかと7回転職をしましたが、私には見つけられませんでした。

　大人になったら誰かの管理の元で、指示の通りにやる能力も必要です。ただそれだけで、その子は幸せに生きられるでしょうか。自分で考え、決めていく力。もしかしたらこれからはその力の方が大事なのかもしれません。

　また私は、保育の職人になりたいと思いました。積み上げられた経験で、誰かに雇われずに生きていきたかった。そんな思いで、森のようちえんピッコロは立ち上がりました。

©ちびっこぷれす編集部

A2　一生のお守りとして

　以前帽子を忘れ、でも自分の帽子でないとかぶりたくないと言う年少児を、その子を守りたい気持ちから、「蜂にさされちゃうよ」「どの帽子がいいの？」と45分かけてかぶるように説得した2人の年長女児がいました（45分間ですよ！）。30分経過後、Aちゃんは説得をやめ、その日はカレー作りの日だったのでそちらに移行しました。みんなに何か言われるから移行したのかと思ったら、「自分で食べるカレーは自分で作った方がいいから」と言うので驚きました。そして、最後まで説得したBちゃんのことをどう見ているか聞いたら「私はあきらめない気持ちが小さくて、Bちゃんはあきらめない気持ちが大きい」と言いました。あきらめてしまった自分はだめだと思っているのかと、補足する意味で聞いたら「（自分がだめだとは）思ってない、今度Bちゃんみたいにあきらめない気持ちが大きくなればいいから、がんばりたい」と言い、私は泣いてしまいました。途中でやめた自分に劣等感がないのです。あきらめた自分でもいい、今度あきらめないようにすればいい。途中でやめた自分に大丈夫を出せる、やめてもやめなくてもいい。これが本当の意味での自己肯定感ではないかと思ったからです。

　これを一生のお守りにしておばあちゃんまで生きてほしい。たぶんずっと前を向き、くじけてもまた立ち上がる、そんな楽しい人生を送れるのではないかと思いました。

©ちびっこぷれす編集部

A3　結果として平和な社会へ

　何かをめざして森のようちえんを運営しているという具体的な項目はないのですが、

1人1人が尊重され大事に育てられる

→すると心が自由で、人も自然も大事にする大人が増える
→その結果、争いごとはばかげたことという感覚がスタンダードになる
→そして普通に平和で民主主義な社会ができあがる

……と、そんなことを想像して毎日子どもと向き合っています。

©ちびっこぷれす編集部

A4 私が素のままで

　十数年前、もう辞めてしまいたいほどきついできごとが、ピッコロであ

りました。解決した翌日、さすがにまだ気持ちがギクシャクしていました

が、子どもに申し訳ない感じがして、通常通りの雰囲気で朝の会をしよう

と私は心を整えました。

　朝の会では子どもから「先生、なんか変だよ」という言葉はなく、普通

に終えられたのでホッとしていました。すると森に行く途中、サラッと年

長男児が言ったのです、「先生、今日声が大きかったね」と。がーーーーん、

やっぱりわかっていらっしゃいますよね。子どもはごまかせないです。ご

まかせたと思っても、それはフリをしてくれているだけかもしれないです。

そしてごまかそうとする大人の濁りは、子どもたちにはよく見えています。

子どもに追いつくのはたぶん無理なので、せめてごまかさない自分、きれ

いも汚いもイケテナイもそのままを見せていくしかないと思っています。

　ただそれはものすごく難しく、保育中は極力「あっ、今、私、何でもな

いフリをした」や「今、気持ちと違うことを言ってる」と瞬時に自分を見

るようにはしています。いや保育中だけではありませんね。いっつもです、

保育は人間性ですから。

©ちびっこぷれす編集部

41

A5　自分の枠がわかる

　入園した4月、毎年お母さまが自宅に帰るとあとを追って泣く子がいました。数年前、よく話を聞いたら「（お母さんに会いたいのは）寂しいからではなく、心配だから」と言いました。1人で運転して帰れるか、1人で洗濯はできるかといろいろ心配なのだそうです。私は驚愕しました。大人は、「子どもはお母さんに会えなくて寂しいのだ」と勝手に思いますが、それは私（大人）の思い込みでした。保護者（私も）は森のようちえんの3年間で、子どもを通して自分の枠をはずしていきます。その作業がなんと楽しいことか（少しの苦しみを伴う場合もありますが、笑）。子ども理解を深めると、子育てはより尊いものになると思います。

©ちびっこぷれす編集部

A6 子どもは未熟ではない

　子どもは何もわかってないので、大人がおしえてあげることが教育だという考えが今でもあります。ただ私が16年間、子どもとはどんな存在かを深めた結果、子どもは大人が思うような未熟な存在ではないということがわかりました。子どもは大人をスケルトンで（透かして）見、この大人には言ってもわからないと判断すると、口を閉ざします。私も保育園に勤めていたころ、何を聞いても「忘れた」や「わからない」と言うクラスを作ったことがありました。今考えると、私が彼らの声を聞く準備ができていなかったのです。

　森のようちえんは子どもをまん中に置き、大人が子どもを理解する場です。ここでは、彼らはジャガイモの芽が太陽に向かって伸びるように、自らの力で、伸びたい方向に、伸びたいスピードで成長します。それが自主性であり、その子が一生幸せに生きる素になるのではないかと思います。

©ちびっこぷれす編集部

43

子どもたちの
開放区

森のようちえん ぴっぴ【長野県・軽井沢町】

中澤真弓

住所　長野県北佐久郡軽井沢町発地 1061-31
活動開始　2007年
活動日　月〜金　9：00〜15：00
対象　2〜5歳児
定員　40名
HP　https://moripippi.jp/

A1　子どもも保護者ものびのびと

　東京で働いていた幼稚園は、子どもたちを真ん中に、管理的ではない保育を行っていました。それでも子どもたちに「早く、多く」を望む保護者の姿が少しずつ増えていることを感じていました。子どもたちを、保護者たちを、のびのびと開放してあげたいと考えながら保育をする日々でした。

　わが家の状況から移住することになり、開放される場所を模索する中で軽井沢の森と出会いました。まさに開かれた空間である森が、きっと子どもや大人を元気にさせてくれる、と瞬間的に感じ、森の力を借りて子どもたちの育ち合いの場、大人たちの育ち合いの場を創ろうという想いがふくらみました。

　軽井沢町子育て支援センターで、0・1歳児親子の絵本の会を定期的に開催するようになり、またより話しやすい森に場を移して「焚き火カフェ」（焚き火で淹れた珈琲を飲みながら、親子で絵本を読んだりゆったりおしゃべりする時間）も始めました。2000年から清里で開いていたママチルキャンプ（お母さんと4歳児までの母子キャンプ）で、森で保育するイメージもあり、計画が現実的になっていきました。

　貸していただける場所はすぐに見つかりました。2歳児親子のかたわらにいることに大切な意味を感じ、2歳児入園にこだわりました。2歳児10人の募集に、焚き火カフェに参加されていた方々を中心に10人が集まり、2007年4月、「森のようちえんぴっぴ」は小さな一歩を歩み出しました。

A2　ひたすら〇〇すること

　ひたすら遊ぶこと、ひたすら関わること、ひたすら困ること、ひたすら工夫すること、ひたすら満たされること……を願っていただけですが、子どもたちの姿から想像以上の「大切なもの」が育っていることを感じます。

　エピソード①

　4歳児のSとYが砂場横の二段のターザンロープに乗り、クルクル回ったりして楽しそうです。3歳児のAとKは、どうにか2段目に乗りたくてSとYの登り方をじっと見ています。Aが挑戦すると、Sが手伝います。Aが「ねえ、〇〇さん!」とスタッフに声をかけます。S「ぴっぴの子は自分で登れないと!　自分の力で!」と励まします。Aはそれ以降、スタッフに声をかけることはしませんでした。ベンチの上に切り株を置いていますが、足をかけるにはまだ届きません。するとSがベンチの上で馬飛びのかっこうになり、「Sの肩に乗りな!」「がんばれ」と言います。AはSの肩、そして頭に足をかけます。さすがに頭に乗られたら嫌ではないかと思いましたが、Sはなかなか登れないAと共にくやしがっています。S「もうちょっとなのにねぇ」「何でかなぁ」などの声が聞こえてきます。S「ん～、4歳になったら、できるよ。4歳まで待ってな」A「そうか、じゃあ、Aは下(1段目)でいいか」と4歳まで待つことにしたようです。SとAのやり取りを最初から最後まで見ていたKは一度挑戦しましたが、S「Kはやってみる?」K「4歳まで待つ!」と納得している表情です。

A3 真の生きる力をつける

エピソード③

R、6歳のお誕生日。「つもりのプレゼント」を受け取る時間。年長児たちのお祝いの席で、一人ずつ心を込めて、「目の前にはないけれど、あるつもりで」手渡されます。お店には売ってないもの、お金では買えないものくらいの条件は伝えてあります。

Y「月まで届く星の手裏剣です。月まで届くと願いごとが叶います」。

うれしそうに受け取るR。

スタッフが「Rくん、どんな願いごとしたい？」と聞くと、「うまく転べるようにお願いする」とR。

転ばないようにではなく、転んでいいからうまく転べるようにというのが、たくさん転んでたくさん困った経験があるぴっぴの子らしい。

エピソード④

転んでだいじにしている棒が折れて泣いている2歳児D。3歳児Yがそばに行きました。

Y「二つになったね。一緒に遊べるね」

Dは涙を拭いて嬉しそうに一緒に遊び出しました。

4学年がいる保育の豊かさ、混ざり合う暮らしは、想像以上でした。

この子たちだから何とかする だろう

エピソード⑥

　雨上がり、YとUが「川へ行こう」と盛り上がり、切り立った崖にはさまれた川に到着。Y「崖、登ろうぜ！」上から垂れている蔓をにぎり、急斜面に足をかけますが、足元の土がくずれ、なかなか思うように登れません。それでも何とか登ろうとする2人。しばらくたって、U「無理じゃない？」Y「何、言ってんだよ、行くだろ！　ぴっぴの子なら！」U「そうだな、行けるか、行っちゃうか！」どろどろになりながら2人は上をめざしました。そしてある程度まで登って、納得した表情で降りて来て、服の泥を洗い流すかのように、増水した川へ入って行きました。

　ぴっぴに2歳から6年間関わっている小学2年生のエピソードです。この子たちの「やりたい」をかなえるために、万が一を考えて私は何をすればよいか、何ができるか。ベースには「この子たちだから何とかするだろう」と思える信頼感。それを可能にした保育者の失敗も含めた体験数。大人にとっても、見守ることの覚悟から生まれた喜びは大きい。何よりも、つなぎとめることをやめたら、つながりが深まった。子どもたちも大人も育つためには、信頼し、賭けていく日々が必要なのでしょう。卒園したKが「ぴっぴは子どもの幸せを願っている場所だよね」と言いました。保育者の願いもわかるんだ！　共にいるってそういうことなのでしょう。

肩の力をぬいて、
　心地よい場所に

　保護者自身がゆるむことを大切に思い、ぴっぴのどのプログラムも、それぞれが心地よく参加できるよう模索するのが日常になっています。保護者の方が肩の力をぬける、心地よい場所に出会えると、子育ての楽しさに気づいていくようです。

　私たちにとっては、その場が森なのです。

「ルールを作らないのがルール」。ずっとぴっぴの保育で大切にしてきたことです。

　ルールはその時その場にいる人たちで作ってきました。家庭の中でも「ルールだから続ける」のではなく、「大切に思うこと」を続けていけるといいですね。

「そっと差し出し、しっかり受け止める」も、「私たちが森にお邪魔している」在り方も、保育でも家庭でも同じように大切にしたいと思います。

　日々の暮らしの中に、森や田畑があり、たくさんの自分たちの時間があり、自分の問題として受け止め、どうするか考える材料がたくさん転がっているのです。

　この環境に保育の本質と、教育の可能性を感じます。

心地よさを求める
「森での保育」のその先に

　これまで、発達支援が必要と言われた子どもたちのたくさんの変化に出会ってきました。たくさんの生命に囲まれた森、自分のペースをだいじにできる保育、集中できる環境は特に大切だと思います。

　学童期を続けて見ていくことの意味も感じています。隔週土曜日、小学生プログラム「ぽろぴっぷ」をぴっぴの森で行っています。学校とは違う息抜きの場所、ひたすら何かしている場所、おいしいものをワイワイ食べる場所、中高生も大人も気軽に来られる場所です。

　子どもと保護者を意識して始めた「森での保育」でしたが、保育者が耳をすますことが自然になり、子どもたち・保護者・仲間の保育者の声を聞きやすく、受け止めやすくなる感覚に気づきました。自分自身が森の空気をたっぷり吸い込み、肩の力が抜け、自然体の自分、ありのままの自分に出会います。森の力をいただいて、森に助けてもらおうと思えます。一人ではない感覚、「何とかなるさ」の気持ちから、勇気が出てきます。

　それぞれの心地いいあり方をずっと考え続けることの先に、差別のない社会や平和のベースがあるように思います。主体的に感じて動き、自分の願いをかなえる「子どもたちの開放区」であり続けたいと願っています。

よいお母さんより
幸せなお母さん

自然育児　森のわらべ多治見園【岐阜県・多治見市】

浅井 智子

住所　岐阜県多治見市滝呂町 17 丁目 60-1
活動開始　2008 年
活動日　月〜金　9：30〜14：00
対象　3〜5 歳児
定員　20 名程度
HP　https://morinowarabe.org/

A1 1歳児の子育て中に見た ポスターに直感

　2004年12月。愛知県春日井市で当時立ち上がったばかりの森のようちえんのポスターを、近所の生協の掲示板で見つけ、1歳10カ月の次男坊と共に体験に出かけたのが、その後の私の人生を大きく方向づける「森のようちえん」との出逢いでした。その手書きで描かれた白黒のポスターを見た瞬間に、何かピン！　とくるものがあり、あの時アクションを起こした自分に拍手を贈りたいと思います。

　当時の日本には、森のようちえん実践者も少なくて、社会的にも認知されていませんでした。仲間集めにも、情報集めにも、お金集めにもたいへん苦労していた時代で、後に自治体による認証制度が日本に誕生することなど、夢にも思っていませんでした。

　逆境尽くしの時代ではありましたが、わが子の人生の土台となる幼少期を、森を舞台に仲間たちと重ねてきた時間は宝であり、私は自ら立ち上げる決意へと導かれます。

　保育大好き！　な一保育士が、両親から受け継いだ起業家魂（母は飲食店経営者、父は会社創設＆経営者）を活かし、2008年、岐阜県初の森のようちえんを愛する地元・多治見市に創設。有志によるお散歩会からスタートした後、2009年6月に正式に開園しました。2020年に幼児教育・保育無償化の対象園となり、同年、オルタナティブスクールとして大地組スクール（小学部）も開校しました。

A2　本物の生きる力の根っこを育む

　2022年秋にはマタニティクラスを創り、既存の0〜3歳の親子組に併設。おなかの中から12歳まで（2025年以降、中学部開校予定なのでいずれは15歳まで）の子どもの育ちを支えるコミュニティになりました。

　自然体験の提供が第一の目的ではありません。子どもたちに「あなたは、ありのままですばらしい価値ある存在です」というメッセージを、徹底して届けていくことを大事にしています。感情を丸ごと受け止めてもらえた時、人は、自分は生きていていい存在、そこに居ていい存在だと自分にOKを出せるようになります。優秀な成績や、高く評価される技術や知識や能力を持つかどうかではなく、ただただ存在そのものをありのままに受け入れてくれる。その体験を繰り返し重ねながら、子どもたちは自分も、他者も、信じる力を培っていきます。それはその人の命の根っことなり、人生におけるもっとも大事な土台となっていきます。そうした土台作りに取り組むことこそ、森のわらべの目的です。

　生命エネルギーがあふれ、懐も器もとてつもなく大きい森の深い受容力によって、子どもも大人も、その持ち味が存分に引き出されていきます。また、森には命を脅かす危険も潜んでいます。森との付き合い方を学び、自分を律する力も求められます。

　20年の保育実践を通して、人が自分を取り戻し、生きる力を培うために、森（自然）というフィールドは最善であると感じています。

A3 母親に母親としての 喜びを取り戻す

　子育てには、親自身がどう育てられ、自分とどう向き合ってきたかが、いやというほどハッキリと出てしまいます。受容されたり共感された経験がなく、自分にOKが出せないで、自分を生きようとするわが子を受け容れられずいらだちを感じ、苦しむ母親は少なくありません。

　森のわらべでは、まず母親自身が受容される経験をたっぷりと味わうための仕組みをちりばめています。いくら保育・教育の専門家の私たちが数年間、子の育ちにたずさわっても、その後もずっと子どもの「今」と「未来」にもっとも大きな影響を与え続けるのは、親だからです。

　親も保育現場に共に立ち、運営に関わっていただきます。失敗することも、見られたくない自分をさらけ出すことも、コミュニケーションに疲れることも時にはあります。だからこそ母親同士は、いやでもつながり、支え合うようになります。スタッフによる寄り添い、見守り、共感に包まれながら、時には自分の育ち直しに向き合いながら……。

　子育ては本来、母親が独りで担うものではありません。しかし、現実は核家族世帯の中で、命の重みと向き合って、不安でいっぱいになっている母親たちが大勢います。

「いいお母さんよりも幸せなお母さん」を合言葉に、仲間の力を借りながら、まずはありのままの自分にOKを出し、そうしてわが子にもOKを出していきます。母ちゃんたちが元気いっぱいの世の中であれば、子どもたちも、父ちゃんたちも元気になるし、経済だって回るのです。母親たちから子育てを取り上げる政策ではなく、母親たちに子育ての喜びを取り戻す政策が今こそ必要です。

A4 生きているって楽しい！ 信頼を届けながら

　存在を丸ごとありのままに受け止められる経験と共に、子どもたちにも、お母さんたちにも届けたいのは、「あなたは大丈夫」という、ゆるぎない信頼。その人を丸ごと受け止めつつ、内側に必ずある善なるものに心を向けて、心からの信頼を届けていきたい。そして、「あなたは愛されている」という実感を届けていきたい。

　やんちゃ坊主も、おとなしくて引っ込み思案の子も、でこぼこが激しく、こだわりや感覚の過敏さを持っていても、生きづらさをを抱えていても、よりよく生きていきたい、自分を整えていこうとする力への信頼を、一人ひとりに届けていきたい。

　私たちは誰かを孤立させることなく、心の手は絶対に離さない。多様性に満ちたさまざまな個性、価値観を持った一人ひとりが尊重されるコミュニティをめざしています。そのために、日々あきらめずに、ていねいに対話を重ねています。

　私が森のわらべの園長を続けてこられたのは、生命エネルギーあふれる森の中で、思わず釘（くぎ）づけになるほどの驚嘆（きょうたん）すべき生きものたちの世界がくり広げられていて、そこに子どもたちが魂を輝かせながら向き合っている。そんな子どもたちの美しい姿を真ん中にしながら、喜びをわかち合う大人たちの姿に、感動し続けているからです。

　これだけ、世界情勢が混沌としていて、先行き不透明な社会においてさえも、人生はやさしさにあふれ、楽しいものなのだと子どもたちに伝えたい。どれだけ面倒でも、人と人がつながり合っていくことを喜びとし、生きる希望と夢を届けていきます。大真面目にそう思っている私たちです。

よい母よりも幸せな母

　あなたは、いま幸せですか？

　こう問われて、即座にイエス！　と答えられるでしょうか。私はイエスです。もちろん、まだまだ叶えたい夢はあるし、自分自身の課題（欠点）もたくさんあるし、仕事の問題も山積みだし、ネガティブな感情に支配されそうになることだってあります。

　でも、総じて私の人生、幸せだった。そう思える生き方ができています。だけど、母親としていい母親だったかと言えば、そうではありません。二人の息子たちにも、私にもっとこういう母親だったらよかったのに……という思いはあると思います。私は決していい母親ではありません。

　だけど、私はとっても幸せな母親です。二人の息子たちに対しても、いまだに失敗の連続、ダメ母ぶりを発揮しながらの母ちゃん業ですが、それでも幸せな母ちゃんです。

　誰に何を言われようが、私は私を幸せな母ちゃんだと断言できます。

　森のわらべの保護者にお伝えしたいのは、よい父母ではなく、幸せな父母であってほしい、ということです。他人に評価される必要はなく、自分自身で決めていいのです。

　親自身が幸せを実感していれば、子どもは、安心して自分の幸せに向き合って、親の元を巣立っていけます。なぜなら、子どもは、自分の親に幸せであってほしい、と心から願っている存在だからです。自分の親は幸せだ、と感じられた子どもは、安心して自分の幸せに取り組めるのです。

A6 信じ合い、待ってくれる コミュニティ

2022年、「森のわらべミッションステートメント」を掲げました。

　森のわらべは、子どもの幸せを真ん中に母親自身が子育ての喜びを取り戻し、「いいお母さんよりも、幸せなお母さん」を合言葉に仲間と共に育ちあうことを支えます。

　「繋がれた手は決して離されることはない」という安心・安全の中で、「ありのままのあなたは素晴らしい」というメッセージを受け取り自分と向き合い、自分を生きることを大切にします。

　わたしたちは、多治見の豊かな自然の恵みを存分に堪能しながら、自然との触れ合いの中で本物の体験を重ね、センス オブ ワンダーの感性を磨いていきます。

　仲間との対話を子どもも大人も丁寧に重ね、自分自身の人生を、自分の足で覚悟をもって歩みます。

　そして、生まれながらにして誰もが持っている、より良く育つ力を互いに信じ合い、待ってもらえる温かいコミュニティを創ります。

　わたしたち森のわらべは、母と子の笑顔があふれる社会作りを通して世界平和に貢献していきます。

　森のようちえんに出逢えたことに、誇りと大きな幸せを感じています。それは、この活動が私自身の使命につながることであり、世界平和につながることだと確信しているからです。

「孤育て」が
きっかけで

自然保育　森のたんけんたい【愛知県・春日井市】
小林直美

住所　愛知県春日井市石尾台 4-5-14
活動開始　1997 年
活動日　月〜金　9：00〜14：00（延長保育あり）
対象　2〜5 歳児
定員　20 名
HP　https://morino-tankentai-4.jimdosite.com/

A1 田舎体験と孤育てがきっかけに

　森のようちえんを行うきっかけは次の三つでした。

　一つは自分の子どものころ、毎年田舎（旧上宝村。現在は岐阜県高山市）に親戚一同が集まってすごす体験をしていたこと。母が山で採ってきた籠（かご）いっぱいのゼンマイを大きな窯（かま）でゆで、みんなでわた取りをした時のにおい、川から引いた水で冷やした、もぎたてのトマトを父と丸かじりした時のおいしさは、今でも鮮明におぼえています。家族の愛と共に幼いころ五感に刻まれた記憶、この原体験は自然や里山をなつかしく、身近な存在にしてくれました。

　二つめは、長男が1歳の時、職場の先輩が育児仲間と立ち上げた名古屋市天白区の自主保育サークル「おさんぽの会」に入り、自然の中で子育てを仲間と一緒に楽しみ、充実した日々をすごせたことです。

　三つめは名古屋から春日井市に家を建てて引っ越した時、「孤育て」によるストレスから体調をくずし、子育て仲間がほしくて「おさんぽの会」をモデルに自然の中で活動する育児サークル「森のたんけんたい」を立ち上げたことです。そこから3～5歳児の預かり（森のようちえんの部）も始まりました。

　出産・子育てで行きづまった時、いつも私を助けてくれたのは「自然」と「仲間」でした。

A2 幸せな子ども時代を送ってほしい

　子どもたちには幸せな子ども時代を送ってほしいし、幸せを感じられる環境を用意したいと思っています。ここでいう幸せとは、自分の好きなことに夢中になること、人との心温まるつながり、自分が誰かの役に立っていると感じること、困難な状況を乗り越えること、目標を達成すること、ものごとを前向きにとらえられること、などです。

　子どもが好きなことに夢中になれる環境として、「自然」は最適です。命あるものの尊さ、生命力、美しさ、不思議さを五感で感じ、心が動きます。知識をおぼえる学びとは違い、心と身体で感じ、自ら考え、工夫し、失敗や成功の体験はやがて深い学びや気づきへとつながります。「遊び」の中で「自ら」というのがポイントです。

　自然の中では、自分の思うようにならないことや不快なこと、危険なこともたくさんあります。世界は自分中心に回っているのではなく、自分は世界の中のほんの小さな存在であるという感覚が育ちます。自然と共生して生きてきた日本人の自然観や倫理観とも重なります。そういう場で日常的にすごしていると、自分の方が自然に合わせ、いろんな場面に対処できるよう考え準備し、変えられないものはいさぎよくあきらめ、自分にできることを粛々と行うなど、前向きにものごとをとらえられるようになっていきます。

A3 自分を知り、自分の強みをのばす

「今困っていることある？」「みんなにお話ししたいことある？」「今日やりたいことはなあに？」と朝の会で子どもたちに聞く場を設けています。自分の心に向き合い、今感じていることを言葉にして人に伝える、仲間に知っておいてもらう。自分のやりたいことを考え、決め、行動する。毎日、自分に問うことで、自分はどんなことを感じ、何を考え、何に興味があって、どんなことをしてすごしたいのかが見えてきます。

　子どもが将来、仕事について考える時期が来る前に、自分というものを知っておくために、森のようちえんで自分の好きなことや、やりたいことをどんどんやれる環境におきたいと思います。保育の中でその子が生き生きとした瞬間を見逃さず、この子はこういうことに興味があるから、明日はこんなものを準備しようとか、子どもの発想から共に遊びを考えていくなど、子どもから学び、子どもの姿を手がかりに環境を工夫していくのは保育の醍醐味でもあります。保護者にも「今日は歌いながら踊っていたよ。指先までしなやかな動きだった」「おもしろいもの作っていたよ。自分で工夫して作ることが大好きだね」など、その子が輝いている姿を伝えています。

　その子の好きなこと、興味のあること、得意なことを、将来仕事にして食べていけたら幸せだろうな、趣味でもいい、人生が充実するだろうなと考えています。

A4 一人ひとりの宝を 見つけ出すお手伝い

　私は子どもたちに、自分の価値観や考え方を押しつけないようにしています。自分はこう思う、でもそれは私という一個人の考え方。あなたはどう思う?　あなたはどうしたい?　人にはいろんな考え方、感じ方があります。そのどれも否定せず、だからと言って園の中で、子どもにすべての決定権をゆだねるのでもなく、子どもが決めること、大人が決めることを区別しています。

　子どもを大人の思い通りに動かそうとしないよう、気をつけています。子どもをほめたり叱ったり、いろいろなテクニックを使って大人の期待通りに行動させたとしても、それはその子本来の姿ではありません。ほめるのではなく、相手を認める。子どもが自分で考え、自分で判断し、自分で決めて行動できるような働きかけを考えています。

　私自身、まちがえた時には謝り、失敗も時にオープンにし、興味を引かれたことには身を乗り出して感動を伝えます。自分の素の姿もたくさん見せています。

　人はみな、その人独自の輝く宝(能力)を持っています。自分の宝を見つけ出し、磨き、それが仕事や趣味や人間関係の中で活かされると、人生が充実した幸せなものになっていくと考えます。一人ひとりの宝を見つけ出すお手伝いをしたいなと思っています。同時に、私自身もいくつになっても自分の宝を探し、磨いていきたいと思います。

自分ひとりでがんばらない

　初めての子育ては親も初心者なので、たくさんの育児情報にふり回され
たり、「〜すべき」といったこだわりにとらわれたり、自分の思うようにな
らずイライラしてしまうことがあるかと思います。私も一人目の時は育児
書と首っ引きで、頭でっかちな育児をしていました。わがままになるかも
と心配せず、もっと思い切り甘えさせてあげればよかった。もっと力を抜
いて、自分も楽しみながら楽に子育てすればよかった。反省することばか
りです。

　子育てがつらい、孤独だと感じている親御さんがいたらまず伝えたいこ
とは、「自分一人でがんばらない」こと。まわりの人を頼ってください。保
育園や子育て支援施設、育児サークル、親、友だち、親戚、近所のおじちゃ
んおばちゃんなどなど。一人で子育てをしていると、ひとりよがりになり、
親も子も苦しくなってきます。

　「子どもは自分とは別の存在」と心得、神様から一定期間子どもをあずかっ
ている気持ちで、その子が幸せに、そしていつか自分で生きる力が備わる
よう、その子自身が好きなことや興味のあることをのばしていけるよう環
境を整え、愛情をたっぷり注いで養護していく。子どもはたくさんの大人、
たくさんの子どもの中で育てていただくのがいいのです。

A6 人間らしく生きること

　子どもを育てる経験は、自分自身を成長させてくれます。人間という生きものを育てていくのに何が必要か、この子が今や将来を幸せに生きていくのに、わたしたち大人にできることはなんだろう。「ヒト」という生きものがこの地球で繁栄していくために、どう生きていくのがよいのだろう。小さな命は自分一人で守れるものではなく、地球上の大人が先を見すえ、みんなで知恵を出し協力し合って乗り越えていくものだと気づかされます。そういう大きな視点に立って考えると、幼児期に自然の中で、自然の一部として生きることがとても大きな意味を持ってくると思います。

　子どもを育てる時に忘れてはならないのは、人間という生きものは自然の一部であるということです。女性は出産の時に、そのことを実感します。

　幼児期は、人間という生きものが地球上で生きのびてきた原始的な歩みを体験し、人間として生きる基礎を遊びから学ぶ時期だと考えます。子どもの遊びを見ていると、その行動すべてに、人間として生きるために必要な力を獲得する要素が入っていると気づかされます。

　人間らしく生きる、幸せに生きるヒントが森のようちえんにはつまっていると思います。森のようちえんを行うことは人間らしく生きること、人類の明るい未来をつくる大事な仕事の一端を担っていると考えています。

自然の不思議は
探究の入り口

森のようちえん はっぴー【千葉県・南房総市】

沼倉幸子

住所　千葉県南房総市
活動開始　2011年
活動日　月〜金　9：30〜14：30
対象　2〜5歳児
定員　27名
HP　https://morihappy.org/

A1　心がおどる保育を見つけて

　森のようちえんとの出会いは、2005年くりこま高原（宮城県）で開催された「第一回森のようちえん全国交流フォーラム」でした。それまでの保育観がくつがえり、その後の生き方を変える衝撃的な出会いとなりました。

　幼稚園教諭として働いていた20代。日々の保育や行事をこなすことに精一杯で、常に閉塞感に包まれていました。休日には海や山に出かけ、心身のリフレッシュを図りながら十数年働き続けましたが、保育者としての喜びをあまり感じることなく退職の道へと進みました。

　あのころの私は何を見ていたのだろうか。分厚いフィルター越しに、自分の軸がどこにあるのかさえもわからず、ただただそこにいたように思います。私の森のようちえんの源流がどこにあるかと問えば、間違いなく未熟な自分にたどりつきます。

　眼鏡（めがね）のようにかけ続けていた幾重ものフィルターが、静かに目の前から消えていったフォーラムの夜。妨（さまた）げるものがなくなった視界の先に現れたのは、自然の中で生き生きと遊ぶ子どもたちの姿でした。子どもだけでなく、そこに関わる大人も輝いていました。

　心おどる保育の世界をようやく見つけることができたその喜びは、今でも鮮明に覚えています。目の前から消えたフィルターたちは、今も私の懐（ふところ）の中。経験というフィルターたちを撫（な）でつ眺（なが）めつ、保育のことや森のようちえんはっぴーの在り方を考えています。それは今では大切な羅針盤となり、自分の軸にもなっています。

A2　たくさんの不思議と出合って

　私たちを取り巻く世界は、インターネットなどの情報通信が不可欠となりました。情報をたやすく手に入れることができる一方、情報の信頼性や思考のかたよりなど、難しいことも多くあります。あふれる情報の中で、何が正しいのか、迷子になりそうになります。これから先の未来、この情報網の便利さが向上し、ますます私たちの生活から切り離せなくなると予想します。情報に振り回されることなく、自らの意思のもと、上手に使っていってほしいと思います。

　自分たちを取り巻くこの世界で、複雑な迷路に立たされているようにも思いますが、ひとたび目を転じれば、そこには変わらない自然の営みがあります。カラスアゲハは美しく舞い、金木犀は上品な香りを放ち、そのかたわらにいるだけで、心が落ち着き肩の力が抜けていきます。私たちは地球で暮らす生きものの一部であり、人の心と自然は切り離すことができません。

　どうして海の色はいつも違うのか、昨日はなかった場所に、ひょっこり現れたツチグリは、どこからやってきたのか。自然は不思議に満ちあふれています。その不思議は探求の入り口となり、知りたい意欲を引き出す強い力を持っています。

　仲間とのふれあいとともに、自然の中で感じ考えたことは、いつしか幸せの種となり、子どもたちの心の引き出しにしまわれていくでしょう。

　季節が移ろうなかで、仲間たちと、たくさんの不思議と出会ってほしいと思います。

A3 地球に暮らす生きものとして

　毎日自然の中で遊んでいると、たくさんの発見があります。いつもの道で見つけたヘビの抜け殻、引き潮の浅瀬に飛び込んできたイワシの群れ、緑の葉影に白く輝くモリアオガエルの卵塊。どんなに暑い日であっても、樹木が作る木陰や、海から森へ吹き渡る風の心地よさ。寒い日の陽だまりは気持ちがホッとして、かちこちの身体がゆるんでいきます。雨降りの日はカッパを着て、空から舞い降りてくる小さな粒に両手を差し出し、はじけては流れていく雨粒を楽しむことができます。自然に包まれた心地のよい体験はかけがえのない宝物となり、心に深く刻み込まれていきます。

　田んぼや畑の作物作りは、収穫の喜びはもちろんのこと、種や苗から私たちの生命を支える食物ができることの不思議。畝をふまないよう歩き、田植えや種まきの時には「おいしくなあれ、おおきくなあれ」と言霊をひびかせます。

　日照りが続いて、植えたばかりの苗がしおれたり、収穫のタイミングが合わず、楽しみにしていたそら豆が食べられなかったりしたことも。台風が過ぎた翌日の田んぼで、倒れたはざ掛けを起こし、泥にぬれた稲穂を手のひらでぬぐったこともありました。いつも必ず作物がうまく作れるわけではなく、気象や土壌やいろいろなことで、収穫できないことがあることを知ることも、大切な体験です。

　自然をコントロールすることはできません。地球に暮らす生きものとして、自然を愛し、畏敬の念と感謝を持ち続けてほしいと願います。

A4 子どもの共感者でありたい

　好奇心のかたまりの子どもたちが、何を発見し、何に夢中になるのか。その対象に、私たち保育者の関わりが、どう影響するのかを考えるようにしています。保育者の、どの言葉が、どんな行為が、子どもたちの世界を深める糸口になるのか、あるいは逆に奪ってしまうのか。それは保育者の言葉や態度で、遊びの世界をコントロールすることではありません。子どもたちが創る遊びの世界に、保育者の存在が必要なければ、それはそれでよいのです。大人が介入しなくても、子どもたちが関係を作り、遊びこめるように見守りたい。

　時には「あなたはどうしたいの？」と、子どもに問うことがあります。考える時間はとても大切で、子どもの声が聞こえるまで静かに待ちます。甘えてスキンシップを求めてくる子どもには、自立の援助をどのタイミングで働きかけられるかを探りながら、子どもを膝に抱き寄せます。こうした一つ一つが日常保育の中にあふれていて、一人ひとりへの向き合い方が違います。

　保育後のミーティングは大切な時間。今の子どもたちの様子や、一人ひとりの援助の方向性を話し合います。自分に見える姿と、他の保育者が見る姿が違ったり、見えていないことを教えてもらったり、保育士がチームを組むことで、多様な視点を持った保育が行えるようにしています。

　何より、子どもの共感者でありたい。喜ぶ時も悲しむ時も、そのかたわらに寄り添いたい。子どもが幸せに生きる援助ができれば最高です。

成長を共に見守る

　冒険教育のモデルでは、人の内面には安心できるコンフォートゾーン、適度な負荷がかかるストレッチゾーンがあり、ストレッチゾーンを超えてしまうと、自己制御不能になりパニックゾーンの領域になります。適度な負荷のかかるストレッチゾーンの領域で、「自発的」に挑戦することで自分の中のコンフォートゾーンが広がり、成長していきます。この考え方は子どもの内面が育つ過程と、よく似ているのではないかと思います。

　小さな子どもが家庭から社会へ出た時、安心のコンフォートゾーンから負荷のかかるストレッチゾーンに入ります。自分とは違う考えや感性を持った子どもたちが関係を作って行く過程では、さまざまなできごとが巻き起こり、それを見守る大人の心にも負荷がかかり、気をもむこともあります。しかし、うまくいかないことや不安や不慣れなことを、親や保育者の援助を受けながら、子ども自らがストレッチゾーンをコンフォートゾーンに変えていくことが、確実に成長につながっていきます。

　子どもがストレッチゾーンにいる時は、親にも負荷がかかり、親もストレッチゾーンに入ります。親自身もコンフォートゾーンを広げていくことになり、精神的にはたいへんなことだと思います。ただそれも、コンフォートゾーンが広がるための通過点だと思うと、少し楽にかまえることができるのではないでしょうか。コンフォートゾーンが広がれば、その分幸せを感じられることも多くなります。子離れするまで続く冒険の旅を、楽しんでほしいと思います。

A6 保育という幸せ

　森のようちえんの魅力の一つは、その意思さえあれば、自ら立ち上げることができるということでした。

　千葉県の南端に移住したことをきっかけに、それまでの保育経験と社会経験を土台として森のようちえんを創ろうと決心、一人でスタートを切りました。時には孤独を味わうこともありましたが、気がつけば何人もの保育者が私と肩を並べ歩いてくれています。喜びも苦労も共に味わう保育者たちの存在は大きく、かけがえのない仲間となっています。

　かつて幼稚園で仕事をしていたころ、保護者との関係性にも苦労しました。保育現場で見える子どもの姿と、家庭での子どもの姿、二つの方向から見える姿。それを共有して、子どもの育ちを支えることの難しさを感じていました。そこでめざしたのは、保護者と子育ての仲間になること。保育現場に参加してもらい、森のようちえんという小さな社会に暮らす子どもたちの姿を見て、感じてもらう。家庭と保育現場の壁をなくすことで、子どもの姿の理解が深まると感じています。保護者とは同じ目的を持った仲間となり、その関係性も深くなっています。

　かつて保育者としての喜びを見いだせないまま歩みを止めてしまった私が、再び保育の道を歩きはじめ、たくさんの幸せを感じています。

　関わる人が幸せになるようにという願いを込めて命名した「森のようちえんはっぴー」。この願いがたくさんの人に届くように、目の前にいる子どもたちと仲間とともに、私も冒険の旅を楽しんでいます。

心の土台になる
原体験を

森のようちえん ウィズナチュラ【奈良県・天理市】

岡本麻友子

住所　奈良県天理市
活動開始　2010年
活動日　月〜金　9：30〜14：00
対象　3〜5歳児
定員　18名
HP　https://www.withnatura.com/

A1 求めていた保育のすがた

　森のようちえんを初めて知ったきっかけは、ふとつけたテレビのニュース番組で、森のようちえんが紹介されていたのを偶然観たことでした。たった数分のできごとでしたが、目をキラキラさせた子どもたちと、少し離れて子どもたち一人ひとりの「今」を見守るスタッフが映っていて、「私のやりたかった保育はこれだったんじゃないか！」と、雷に打たれたような衝撃を受けました。

　そのころの私は、5年勤めた私立の保育園を辞め、転職したばかり。その後、幾度となくその場面が思い出され、なぜそんなにも「森のようちえん」に惹かれるのかを確かめるために、友人などに声をかけてイベント型の森のようちえんを始めました。

　その後、わが子をあずけたいと思える幼稚園がなく、イベント型から日常型の森のようちえんに移行。わが子には自然の中でのびのび育ってほしいと思っていましたが、それよりも大事にしたかったことが、わが子に関わる大人（先生）が幸せかどうか、ということでした。

　幼稚園や保育園の先生というと、行事に追われて余裕がなくしんどそうなイメージ。わが子には幸せになってほしいけど、大人がそうでなかったら、「幸せ」を見いだせないのではないか？　まずは大人が「幸せ」を体現できる場でありたい。大人も子どもも対等に、みんなが育ち合える場を作りたい！　森のようちえんなら、それが可能かもしれない！　そんな希望をもってわが子と仲間と一緒にスタートしました。

A2　本物の生きる力って

　通年型の森のようちえんを始めるにあたり、私の願いの一つに、今はほとんど人が入らなくなった里山で子どもたちが元気に走りまわり、大人になってからの心の土台となるような原体験をたくさんしてほしいというものがありました。

　それは私が「なぜ森のようちえんに惹かれたのか」にもつながるのですが、幼少期に体をめいっぱい使って、心をたくさん動かした経験は、大人になってからの精神的な支えになっていると感じているからです。振り返ると、小さいころは近所の幼なじみたちと毎日外で走り回り、学校や親からもおそわることができない、生きていくための知恵や力を無意識に身につけていました。そして、年上の子からしてもらってうれしかったことや助かったことは、自然と年下の子にもやるようになりましたし、自分の得意なことや苦手なことなどをよくわかっていたと思います。

　今、森のようちえんで育つ子どもたちは、日常的な縦割りの関係性の中で、主体的にさまざまなことを吸収しています。大人が主導したり、設定しただけの場では見られない、自分らしく生きていくために大切な体験の機会が、自然の中と仲間との生活の場にはたくさん用意されています。

　昨今の子どもを取り巻く社会問題（いじめ・ひきこもり・自殺など）を見ても、幼少期から多様な関係性の中で、体験を積み重ねることから得られる経験や自信、自己肯定感などが、本物の生きる力を育んでいくと感じています。森での経験を活(い)かし、より良い社会や誰もが主役で生きることができるコミュニティを、子どもたちが作っていってくれることを願っています。

A3 未来に生きる子どもたちと共に 大人が希望を見せる

　私たち大人が子どもたちのためにできることは、そう多くはないと思っています。ただただ子どもたちに恥ずかしくない生き方をしたい、という思いが強くあります。そばにいる大人がマイナス思考だったり他人軸で生きていると、子どももそれにならってしまいます。私が、わが子を通わせたい園がなく、自分で森のようちえんを作ってしまったように、なければ作ればいいんだよ、あきらめなくてもいいんだよということを伝えたいし、リアルに夢に向かう姿を子どもに見せ続けたいです。

　森のようちえんは、気持ちよく失敗ができる場です。大人も初めてのチャレンジをいっぱいして、失敗をはげまし合い、うまくいったことを共に喜び、誰一人決して孤独にしない（ならない）ことを心がけています。失敗は一見、かっこ悪い姿のようですが、真剣な思いはきっと人の心に響き、応援したいと人に思わせることができると思います。子どもたちにも「自分でもできるかも！」「仲間がいたら安心してチャレンジできそう！」と思えるようになってほしい。

　共に生きること、自分のことも仲間のこともあきらめないこと。そして、大人たち自身が自分らしくある姿を見せ続けていくこと。子どもたちに、未来を生きることを勇気づけられる大人たちでいよう。これらはスタッフだけでなく、保護者のお母さんお父さんたちとも共通の意識として、大切にしています。

A4 対等な関係でありたい

　子どもたちとはいつも対等でありたいと思っています。もちろん、大人ともそうです。自分より上や下の立場を作ってしまう時点で、人間関係がいびつになるような気がします。大人も子どもも同じコミュニティを作る一員で、それぞれが役割をもっていると考えています。大人も子どもも対話的に関係性を育むことで、今の私と相手との出会いを楽しむ。先入観やレッテルや以前の印象をいったんはずして、毎朝新しい太陽がのぼるのと同じく、毎日新しい自分と新たな相手と出会いなおす感覚です。

　子どもたちの方がシンプルで、大人の方が感情や思考が複雑ですよね。複雑にこんがらがったまま、過去の感情を引きずったまま子どもと向き合っても、うまく対話ができません。子どものことを理解したいなら、自分の内面をまず消化して、整えることから。そしてオープンマインドで接する。そうすることで、対等な関係性とともに、信頼関係も築くことができます。人間関係は積み重ねです。それがないと、うわべだけの関係になりがちで、それでは子どもたちには何も伝わらないと思っています。

　森のようちえんの良さは、対話を通して、安心して自分を生きることができるコミュニティであること。そうあるためには私がまずお手本になれるように、自分を整えながら、子どもたちや仲間たちと丁寧に関係性を育んでいきたいです。

As　ひとりで抱えないで、一緒に考えさせて！

　私たちは小さいころから、「他人に迷惑をかけるな」「自分のことは最後まで責任もってやりなさい」、そう言われて育ちました。ウィズ・ナチュラのお母さんたちも、自分の困りごとは自分でどうにかしようとワンオペ育児を孤独にがんばっていた人が多く、心を開ける仲間や、安心して子育てできるコミュニティを求めて入園してきてくださいます。

　お母さんになってもやりたいことがいっぱいあるし、子育ても楽しみたい。それを実現するためには、周りの人と win-win の関係性を築きながら、子育てという体験をシェアしたらいいのではないかと思っています。

　しかし、誰かを頼ることが簡単でないことはわかります。仲間にだって気をつかうものです。そんなこともひっくるめて、人に頼ることや手伝ってもらうことに、みんなでチャレンジしています。失敗しても OK です。「自分はどう在りたい？」「仲間とはどんな関係性を育みたい？」と自分と対話しながら、みんなでサポートし合う。そんなことを大事にしています。

　お母さんのありのままの姿を子どもに見せていくことが、子どもにも「あなたはあなたのままでいいんだよ」というメッセージになります。子どもはお母さんの完ぺきな状態を求めてはいません。困ったときには頼ることができて、何でも話せる仲間と共に、安心してやりたいことに挑戦する。子どもたちがそうやって「今ここ」を森のようちえんで生きているように、お母さんたちもそうあってほしいと切に願います。

A6 私という存在を思い出させて くれる森のようちえん

　わが子を生後2カ月から抱っこ紐に入れて、森歩きをスタートしました。木々の葉っぱの間に太陽の光がキラキラ見えて、子どもはとっても不思議そうにこもれびを目で追い、手のひらに触れる葉っぱの感触に興奮していました。2カ月の赤ちゃんでも想像以上にいろんなことを感じているし、感じようとしている姿を目の当たりにし、その時の感動は、私の中で森のようちえんへの手ごたえと原動力になりました。森のようちえんと出会って、私はどんどん自分が本来の自分に戻ってきているような感覚があります。森のようちえんは、本当の自分の感覚を思い出させくれる存在です。そして、それは私だけでなく、スタッフや保護者のお母さん・お父さんたちにも派生して起こっているのがとても興味深いのです。

　これまでたくさんの困難を乗り越えてこれたのは、森のようちえんの先輩たちの存在が大きかったです。最近では私も新しい森のようちえんの立ち上げをお手伝いしたり、相談に乗ることが増えてきましたが、全国に仲間が増えるということは、幸せな子どもたちや大人たちが増えること。そんなお手伝いなら、私のできることすべてで応援したいと思っています。

　幸せな子どもたちが幸せな未来を作っていく。それを支えるのは、私たち大人のひとりひとりなんです。森のようちえんが、未来は捨てたもんじゃないと教えてくれました。森のようちえんは日本の未来の可能性だと確信し、この先はしっかりと恩返しをしていきたいです。

子どもも大人も一緒にのびる

青空保育たけの子【福島県・福島市】
辺見妙子

住所　山形県米沢市上新田1166（活動拠点）
活動開始　2008年
活動日　月〜金　9：00〜14：30
対象　0〜5歳児
定員　16名
HP　https://www.takenoko-aozora.org/

A1 野外の自主保育グループに出会って

　福島市から米沢市に毎日通ってまで続けている野外保育。「なぜそれをしようと思ったのか」とよく聞かれますが、まずわたし自身のことからお話します。

　わたしは病弱で、思いっきり外遊びをしたことのない子どもでした。父はわたしが4歳の春に他界したため、母は女手ひとつで、わたしと7歳上の姉を育ててくれました。そんな母は私に「人と違ったことをしな。同じことをしてもしかたがない」とよく言っていました。そして決して裕福ではありませんでしたが、困った人がいると、「人には一番いいものを贈るもの」と、自分の持ちものの中から選ぶような人でした。

　成人になってから、多文化音楽を歌う福島コダーイ合唱団に入りました。そして、生涯の恩師とも言える降矢美彌子先生に出会ったのです。先生の「常に学びなさい」という言葉に影響を受け、私自身も幼児教育にたずさわりたいと思うようになり、国家試験で保育士資格を取得しました。

　その後、神奈川県の自主保育グループ「つくしんぼ」に合唱団が招かれたことをきっかけに、野外保育という園舎を持たない保育形態があることを初めて知りました。つくしんぼの保育現場を目の当たりにし、「わたしもやりたい」と思い、心がわき立つのを感じたのでした。

A2 自分を認める育ちを

「じぶんのあたまをいっぱいひねって
　じぶんのきもちをしっかりいって
　じぶんでなんでもできるんだ　ヤーッ」
「ぼくらはたけの子」、青空保育たけの子の園歌です。

　たけの子を始めようと思った時、ちょうど下の娘が不登校になりました。自分の子育てのどこでボタンをかけちがったのか、わたしは自分を責めました。でも、娘のことを「生きてさえいればいいんだ」そう思えた時、世界が変わって見えました。

　最近までわたしは「自己肯定感」を大切にしてきました。それは、自分の中の可能性を信じ、今はできなくてもできるようになりたいと思うことが大切だと思っていたからです。わたしの中では、自己肯定感＝自己受容でした。でも、そうではないということを知りました。自己受容は、できない自分でさえ、愛する気持ちなのです。どんな自分でもいい、ダメなことも、できないことがあってもいい。生きてさえいれば、それだけでいいのです。

　ありのままを受け入れる「自己受容」ということを、わたしは子どもたちに伝えたいです。

森のようちえんで何をめざしていますか?

A3 どんな困難にあっても たけの子を続ける

　2011年3月11日、東日本大震災が起き、わたしたちが活動していた福島市のフィールドは放射能で汚染されてしまいました。震災とその直後に起きた原発事故は、まさにわたしたちからすべてをもぎ取って行ったのです。当時のスタッフ5人は、在園児それぞれのご家庭が避難していたため保育はできなかったものの、たびたび集まり、当時限られていた放射能についての知識を交換し合いました。

　福島県は県の放射線健康リスク管理アドバイザーとして、長崎大学の山下俊一医学博士（当時）と、同じく長崎大学の高村昇医学博士（当時）を任命し、県内各地で講演を行いました。山下氏の「ニコニコする人には放射能は来ない。クヨクヨしていると放射能が来る」という発言は、わたしたち福島県民にあまりにも大きな影響を与えました。

　当時避難者が多かった山形県米沢市で、子どもたちが中途入園できる園がなかなか見つからないという情報を得、それならわたしたちが福島から子どもたちを連れて、放射線量の少ない米沢市へ移動して保育をしたらいいのではと思い立ち、同年10月から片道50キロを毎日通って野外保育を続けるという選択をしました。原発事故を引き起こした大人の責任として、今も無料送迎を継続しています。

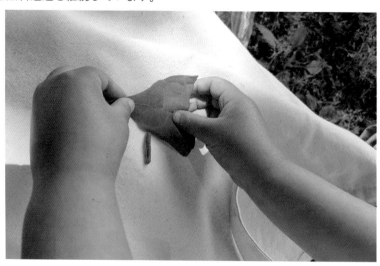

A4 子どもたちとも対等でいたい

　米沢市へ移動して野外保育を続けていることで、心ない言葉をかけられたことは一度や二度ではありません。でも、そのたびに思いとどまってこられたのは、自分らしく生きたという証しを、自分の娘たちに残したかったからです。どんなに他人がわかってくれなくても、娘たち、そして神様には「精一杯生きたね」と言ってもらいたい。わたしは最後まで自分に正直に生きたいです。それは夢を夢で終わらせたくないということでもあります。どんな夢でもそれがよいものであれば、必ず道が開けると私は信じています。

　わたしたちの園では、子どもたちからも大人のことを「先生」ではなく、名前で呼んでもらっています。保護者さんのことも「〇〇のパパ・ママ」ではなく、名前で呼んでいます。先生と呼ばれて偉くなったような気にならないようにしたいし、わたしたち一人ひとりには親からもらった名前があるのですから、それを大切にしたいなと思います。

　そして、子どもたちの前では、同じ人間として対等でありたいと思っています。どちらかがすごく負担に思ったりしないで、お互いに助け合えるパートナーとしてありたいな、と。実際、わたしは子どもたちからパワーをたくさんもらっていますから。

A5 助けてと言ってほしい

　保護者に伝えたいことも同じです。たくさんの要求をしてくる保護者、子どもに厳しすぎる保護者、いろんな保護者がいます。でも、その根っこにあるのは「ありのままの自分を受け入れてほしい」ということではないでしょうか。

「そんなにがんばらなくてもいいんだよ」

「できないことがあってもいいんだよ」

「助けてって言っていいんだよ」

　保護者にこそ、伝えたい言葉です。

　子育てする時、親のようにはなるまいとどんなに頭で思っていても、自分が体験を通して学んだことでしか子育てできないように思います。抜け出したくても抜け出せない、そんなループにはまり込んで苦しんでいる保護者を今までたくさん見てきました。自分の親の弱さ、そして自分自身の弱さを認めること。それが自分をラクにします。恨んだっていいんです。愚痴（ぐち）っていいんです。だってつらいんですから。うまくいかないのは全部自分のせいと背負いこまないでほしい。自己受容はそんな自分を認めることでもあります。

A6 私の人生そのもの

　わたしにとって、青空保育たけの子はわたしの生き方そのものです。

　勝手な思い込みですが、わたしの人生は、たけの子をスタートするために備えられていたように思います。病弱で歌好きの幼少期を経て、福島コダーイ合唱団と出会ったこと。合唱団を招いてくれた神奈川のつくしんぼとの出会いも大きかったです。いざ保育グループを立ち上げようと思った時に娘の不登校がありましたが、それが返ってわたしを強くし、その後の保護者理解にもいい意味で影響しました。

　震災による原発事故は、わたしたちを米沢市へと導き、たくさんの人のおかげで今に至っています。

　マイナスな経験は一つもなく、すべてに意味があるのだと思います。

　わたしたち大人は少し先に生まれてはいますが、子どもから学ぶ姿勢を忘れないようにしています。誰もが持つ一つしかない命の価値は、同じだからです。

　これからも「子どもも大人も一緒にのびる」をテーマに、子どもたちに何が必要なのかを探り続け、活動を続けます。

あの子に届く
ことばを探して

森のようちえん ぴっぱら【北海道・鷹栖町】

松下理香子

住所　北海道上川郡鷹栖町 16 線 8 号
活動開始　2010 年
活動日　月〜金　9：30〜15：00（長期休みあり）
対象　2〜5 歳児
定員　20 名
HP　https://rairu.com/

A1 親子の居場所をつくりたい

「うちの中にいないで外に行っておいで!!」そんな親のかけ声が飛びかっていた昭和30～40年代に育った私は、道路や里山で陽が暮れるまで遊びほうけて育ちました。

　自分の子育てが始まってみると、公園に行っても誰もいないことにどうして？　と思いつつ、昼ごはんとおやつを持って、毎日公園や自宅周辺で子どもと陽が暮れるまで遊ぶ日々。

　何でって？　だって家にいたら汚されるのがいやだったり、自分のしたいことができなくて、一日中イライラして罵声を飛ばすことになるでしょ？　外にいたらそれが不思議なくらい起こらないのです。

　しかも、子どもは虫を見つけたり、水たまりで遊んだり、土を掘ったり、自分で勝手に遊んでくれます。そして私もアリさんの行動をじーっとながめていろんな発見をしたりと、子どもと一緒に毎日楽しい！　新発見！をくりかえし、幸せな時間を過ごしました。

　子どもと一緒でも親がホッとできるカフェをやっていたとき、「自然の中でのびのび子育てしたい」という若いお母さんたちと、「お母さんの居場所を作りたい」と願っていた私が出会い、園舎を持たない森のようちえんぴっぱらを5組の親子でスタートしました。

A2 やってみる力を育てる

　子どもは今を生きる社会の希望です。子どもたちによりよい未来をつなぐため、何を残し、何を伝えられるのか。大人としての自分が問われるような気がします。子どもは乳児期から何かを目で追い、さわり、なめて、においをかいで、さまざまな感覚をフル稼働して、あらゆることを学んでいきます。そのすべてが子どもにとっては遊びであり、生きることそのものです。

　水たまりがあれば入ってみる。泥があればさわってみる。大雨が降ればわざわざぬれに外へ行く。風が強ければどれだけ強いか向かってみる。外の気温が氷点下20度以下でも、外でごはんを食べてみる。

　おもしろいからやってみる。ためしてみて感じて、自分なりに何かを受け取っていく。遊んでいれば誰かに出会い、人とどうかかわっていくか、その術を自然と身につけていく。うまくいかなければどうしたらいいか試行錯誤して、自分なりのやり方を見つけていく。

　子どもには、自分で育ちたいように育つ力がそもそも備わっています。そんな子ども時代を過ごしてほしいと思います。

A3 何かに夢中になること

　子どもと大人がやりたいことを話し合うミーティングで一日が始まり、今日はどうだったか、また明日もやりたい、などと話して一日が終わります。とことん遊び、やりたいことを追求する日々。大人からこれをやりたいと提案することもありますが、一年を通して決まった行事はありません。子どもたちが遊びに夢中になる時間を削りたくないという思いからです。

　ある年、年長の女の子が突然目をキラキラさせて「文化祭やりたい!」と言いました。スタッフが話を聞いてみると、どうやらどこかの文化祭というものに行って来たらしい。スタッフで話し合い、「お祭り」だったらみんながわかりやすいかなということになりました。

　子どもたちとのミーティングでは言い出しっぺのKちゃんが、「私、J(スタッフ)とステージしたい」。「じゃあおれはお笑いするか」という男の子。ほかにはしゅりけん屋さん、どんぐりのアメやさんなどなど。それを聞いて親たちも、的当てや足湯屋さん、チーズ職人のお父さんが差し入れしてくれたチーズで焼きチーズ屋さんなど、ほとんど前日、当日にやりたいことの準備をしました。最後にKちゃんが自分で台に上がり、いつの間にか握手会が始まるという想定外の結末。どんぐりを折り紙でくるんだアメ屋さんは出店したものの手放せなくなり、自分の袋につめて店からいなくなりました。見かねた母が「うりきれました」の看板を出したのでした。

　いいもわるいもない、表現してみたい、作ってみたい、どうやったらできる?　と一生懸命な子どもたち。助けが必要だったら手を貸す大人たち。誰が指示するわけでもなく、自分で感じて自然に心と体が動く。誰もが思い思いに、勝手に自分で輝いていく。そんな場づくりをしています。

A4 大人が判断しない

子どもは常に自分のやりたいこと、おもしろいことに熱中します。それは時に誰かと食い違ってぶつかり合いになったり、誰かをのけ者にしたり、いやなことが起こることと表裏一体です。キレイごとだけでは立ちゆかないことがいっぱいの日常。

何かが起きたら「さあどうする？」というコトバがスタッフの心の中に浮かびます。まずは「どうした？」と子どもに声をかけます。どちらの話も聴きながら、子どもそれぞれの気持ちがどこにあるのかを一緒に探します。「朝、いやなことされたから今は貸したくない」「そうか、イヤなことあったんだね～」「どうする？」と相手の子に返してみます。沈黙が続いたり、怒りがこみ上げてたたいてしまいそうなこともあります。一方は話すことができるけれど、もう一方は話せない時もあります。どこにたどり着くか、スタッフは子どもと一緒にいながら子どものコトバに耳を傾け、共に考えます。話し合いをするのは今じゃない方がいいかなと思う時もあります。時間がたってから「さっきはごめん」と相手に言いに行ったり、「さっきのはこういうことだったんだ」とスタッフに打ち明けてくれることもあります。夜になってから母に「今日、こんなことがあった」と告白することもあります。大切にしたいことは、大人が勝手にいい、悪いと判断しないこと。子どもを正解に導くでもなく、一緒にどこにたどり着くか、着かないか、どういう結末になるか、気持ちを引きずっているかを確かめ合いながら、子どもと共にいます。みんなそれぞれ違う感覚の者同士。たくさんのかかわり合いの中で、自分の今に気づき、他者がどういう気持ちでいるかを知っていく子どもたち。ハラハラドキドキを抱えつつ、あの子に届くコトバを、自分のあり方をいつも探しています。

Q5 保護者の方に伝えたいこと

 # 生きることを、大人も楽しむ

　子どもがかわいい、子育てが楽しい、生きることが楽しい。お母さんたちにそんなことを感じながら、子どもとの時間を存分に味わってほしくて森のようちえんを始めました。子が産まれたその瞬間から始まる「お母さん」という自分。楽しみにしていたのに、なんだかうまくいかないな〜。自分のしたいことに情熱をかけていたようにはいかない、子どもと共に家族を作っていく日々は生半可じゃないと思います。こうすればこうなるという方程式もなく、ひたすらこうかな？　ああかな？　と心も頭もいっぱい使って、時にパンクすることもあるかもしれません。それでもふりかえれば、乳幼児期は人生のたった6年間。はてしなく続くような気がしていましたが、じつは一瞬で終わる「至福の時」だったと過ぎてから思います。「空がきれいだね」「風が気持ちいい〜」「ミミズだ〜」「そろそろ桑の実がなるころだね」と、共通の感覚を味わった時間や想い出は、生涯を支える大事な時間です。乳幼児期は、わが子と生きていくということを少しずつ受けいれていく親のための時間かもしれません。涙が出やすい自分、怒りっぽい自分、落ち込みやすい自分。いろんな自分にも出会いながら、子どもと一緒に育ち合えたらいいですね。

　ちょっと疲れたら、外へ出てみてください。子どもとお散歩するだけで、なんだかわからないけれど気持ちが少し軽くなるかもしれません。親だけでがんばらず、さまざまな人と出会い、一緒に子育てできる仲間と出会え

る喜びも「森のようちえん」にはあると思います。

　ちょっと行動してみたら広がる世界がある、子どもがいるから広がる世界がある幸せを感じてみてください。

Q6 あなたにとって森のようちえんとは?

A6 子どもの「今」に とことん付き合うところ

　園舎がなくても子どもと大人の居場所が作れる!　それを知った時の、はずむ気持ちは忘れられません。そして自宅の前庭で始めた森のようちえん。屋根がなくて、木にシートをはりめぐらせて日差しや雨から身を守る。集合場所がその都度変わる。その日の天候次第で予定が変わる。だからそもそも予定を立てない。

　一人ひとりの今わきおこることに、つきあってみる、その瞬間でしか味わえないできごと。こんなにおもしろいことがあるだろうか?　何年たってもおもしろい!　がうすれない子どもたちとの日々は、幸せに満ちあふれています。

　スズメバチやクマ、毒性の草花、虫対策。みんなの身を守るための知識と知恵と感覚をとぎすませてきた日々は、確実に大人から子どもへ、子どもから子どもへと伝わっています。すごい学びだと思います。

　もう少しゆっくり子どものペースで歩いてみようよ。そこから見える景色を感じてみようよ。コトバだけではわからない、自分で感じて、考えて、自分なりの答えを探していくこと、そんな時間を保障している森のようちえん。

　子どもも大人も、いろんな個性が寄り集まって、それぞれの育ちを感じ合いながら、「いろんなことが起きるよね」と笑い合ったり、一緒に悩んだりすることができる大切な場所を、みんなで支えているのだと思います。全国に森のようちえんがあること自体が、今の時代を生き抜くはげみであり宝です。

99

子どもが自分たちで
生活をつくって
いけるように

せた♪森のようちえん【滋賀県・大津市、栗東市】

西澤彩木

住所　滋賀県大津市瀬田1-11-25（事務局）
活動開始　2011年
活動日　月～金　9：00～14：00
対象　3～5歳児
定員　15名程度
HP　https://www.facebook.com/setamori.shiga

A1 そもそも保育・幼児教育とは

　学生時代、平成元（1989）年の幼稚園教育要領改訂について学びました。身につけておくべきとされる内容を効率よくおしえられるより、自ら感じ、考え、心動いて体験したことこそが学びである。そのために保育者や教師は、子どもが自ら学びをつかめるように、環境を整え、必要な援助をする、教育者の役割も変わるのだと。ただ一気には変わらないから、幼児教育から変えていくんだ、そんなふうに言われました。30年以上たった今、高等教育でもアクティブラーニングと言われるようになりました。

　これはおもしろそう、本当の学びってそういうことだ！　そして自分自身も学び続けるのだ、と保育の世界へ。国立大学附属学校園では、実習や研究を通して、子ども一人ひとりの学びをとことん見とり、個として、また集団としてはどのように育ちが積み重なっていくのか、小中、特別支援の先生たちとも喧々諤々、「子ども主体の保育・教育」について考える楽しい日々。でも一歩外へ出ると、受験制度が変わらない中、自分たちが取り組んでいる教育の価値をうまく伝えられていない現実に、へこんでもいました。

　そんなときに「森のようちえん」に出合い、内田幸一さんの指導者養成講座へ。そのお話は私がずっと大事にしてきた保育と同じだ！　と涙があふれ、自然の中で保育をするという、そのなんとも魅力的な世界を目の当たりにして、「やってみたい！」と思いました。数ある特色ある保育の一つと理解されることも多い森のようちえんですが、私の中では「幼児教育王道」だと直感しました。

A2　自分が自分であることができる
　　　幸せな時間

　保育は「はじめに子どもありき」。教育はすべてそうであってほしいと思いますが、幼児教育では、もうあたりまえになっているでしょうか。大人はついつい、子どもの未熟なところに目がいき、力をつけさせようとしますが、子どもは一人ひとり違ってあたりまえで、自ら育つ力をもっている。その力を引き出したり、環境を整えたりすることが大人の役割で、そのためには、子どもの今をよくよくとらえなければならない、そしてその姿を肯定的に受け止めることがはじまりであると、実習でたたきこまれました。

　これを子どもの側からいうと、「自分は自分でいいと思えること」かなと思います。もちろん子どもがそう意識しなくてもいいのですが。自分が好きなものがあることは本当に大事で、好きなものがある子どもの内面には、芯や根っこが伸びていくのを実感しています。そしてしかるべきときに、その子のタイミングでちゃんと学びに出逢うんです。それは、小学生になってからのことも多々あります。

　心動くこと、やってみたいことをとことんやりきる。自分とは違う存在に気づき、思いを伝え合い、ぶつかってでもたがいを理解しようとする過程も必要です。その機会が現代はうんと少なくなったと思います。でも人は人と人の間で育ち合うものです。それを重ねて、たがいを感じ合って理解し合っていく姿は、本当に尊い！　言葉を使い、大きなぶつかりを避けていく大人には、できなくなっていることだと思います。そうやって共に

育ち合うことで、おたがいを受け入れ、認め合い、担い合って、生活を作っていく。子どもはそれができる力をもっています。

時代が求めることと、ヒトとしてそうあること

　変容いちじるしい時代を生きる子どもたちには、地球規模の難題と共に、新たな力が求められます。新たな価値を創り出す力、相反する価値観を認め合い、よりよい解決に向かう力などです。狩猟採集生活がほとんどの人類にとって、それらを自然の中で身につけていくことが、ごく自然なことだと思います。この点から、自然や暮らしの中で、子どもが自ら生活をつくっていく森のようちえんのあり方は、未来を照らす一筋の光のように感じています。その先で、学校を作ったり地域を作っている全国の仲間が、「よりよい社会を自分たちで作っていく」姿を見せてくれています。

　滋賀県は全国4例目の自然保育認証制度を創設し、研修事業も進めています。園庭を子どもと作ることや、あるいは、リスクマネジメントや救急法を学ぶ中で、私たち保育者自身が体験を通して学ぶ楽しさに立ち返り、大事にしたい育ちについて語り合う機会をいただいています。また公立の小学校がほとんどの滋賀にあって、森のようちえんと理念がつながる小規模特認校との連携も始めました。公教育と共に、保育や教育の現場が幸せな場であるよう、できることを進めていこうと思っています。

　卒園後、森でとことんみんなで話し合ってきた経験から、生徒会でルールメイキング（対話を通して納得解を作るプロセスから校則を見直す）に取り組んだ子が、「対立じゃなくて対話だ」と実感していたり、小学校への違和感から私たちと一緒にフリースクールを作り、それはそれはエネルギーをふりしぼって自分の生き方をさぐっていたり、いろんな姿がありますが、育ちの本質は同じだなと感じています。

　森のようちえんでの力はよりよい社会をつくる力に。そう信じています。

A4 一人のヒトとして

　その子が今、何を感じ、何をしようとして、何にぶつかっているのか。子どもがちょっと先の自分に向かって育とうとしているとき、大人ができること、しない方がいいことなんかを、ああでもないこうでもないと、スタッフといつも話します。このとき、異なるとらえ方や意見が出ることが、健全だなと思っています。

　古くから問い続けられてきたことかもしれませんが、結局、自分自身のそれまでの育ちや経験、価値観の上で子どもの姿をとらえたり、子どもに対して願いを持ったりするわけです。スタッフ同士がそのことを十分に認め合った上で、意見をすりあわせたり、共有したりして、次の保育の場面にあたることが、子どもたちにも真摯（しんし）に向き合うことになると思います。方向性が決まらなくても、向き合い続けることで、少しずつ自分の軸ができていったり、逆に凝（こ）り固まった価値観が少し変わったり、自分もリニューアルしつづけることができます。

　子どもに求めていることは、即、自分たちにはねかえってきます。

　好きなことにのめりこんでフロー状態になれることがあるか、意見の違うときに飲みこまずに、きちんと伝えることができているか。まだまだ未熟な自分と向き合うことになりますが、結局一人の人間にできることは限られています。だから、よりたくさんの大人と出会ってほしいとも思っています。

A5 「みんなで育てる」

　おうちの方へ、一人ひとりの子どもの学びの瞬間をリアルに伝えきれないもどかしさがあります。保育後や、おたよりや保護者会や写真や映像で、できる限りお伝えしていますが、子どもの育ちとは、ああすればこうなる、というわかりやすい方程式のようなものはほとんどありません。

　私たちが感動をもって話すエピソードは、その子を知らない一般の人には、「それで？」と言われてしまうようなものもあります。その感動を分かち合うためには、その子のそれまでのストーリーを理解してもらう必要があります。その子の育ちをどうとらえて、どう関わってきたか、そうしたことをまるごと理解してもらってはじめて、今日のこの子たちのこの姿が「すごい！」ってなります。

　また同じことを同じようにしても、同じような育ちにはなりません。近代以降、労働力を向上させるために効率のよい教育が求められた時代も終焉を迎えています。いつまでも、結果を最優先する育ちにばかり気をとられては、教育の変わるべきところも変わりません。

　昔のように地域で子どもを見守り、子どもに「時間・空間・仲間」があった時代ではなくなりました。親になる教育は義務教育でおそわりません。まして幼児期に何を大事にしたらよいか、を深く考える機会もない人がほとんどです。子どもの幸せを願わない親はいないと思いますが、その幸せとは、どういうことなのか、一緒に考え続けていけたらと思います。「主体性を大事にする」ことは、何でも子どもの言う通りにすることではありません。このことが案外、伝わりにくいのです。かつて「自由保育」が批判されたときのようです。自由は放任ではないし、二項対立なものでもありません。大人として、おしえることもあれば、見守ることもあり、壁となることも対等に意見することも、すべては「今、その子の育ちをどうとらえるのか」次第。

　アフリカのことわざに「子ども一人を育てるのには村が一つ必要」とあるように、ヒトという生き物は一人で子育てをするようにはできていないそうです。そのことが「常識」な社会に、子どもはみんなで育てる社会にしていきましょう！

A6 「子どもも大人も　自然も幸せな場に」

　立ち上げて間もなく、全国的な広がりと共に、「森のようちえんの社会化」と言われる波がありました。これまで保育・教育しか考えてこなかった自分にとって、自園の運営だけでもはじめての経験なのに、行政と共に自分たちがどう歩んでいくのか、ひたすらに力を注いだ数年でした。

　ここには幼児教育の本質がある、と直感した10年前でしたが、森のようちえんは幼児教育を語り実現していくための手段でもありました。そして社会の中に自分たちがどうコミットしながら、よりよい生き方を求めていくのか、目の前の子どもの育ちを支えながらも、自分たちが育たせてもらっています。滋賀県の認証制度の創設がかなったと思えば、幼児教育無償化対象外、小学校とのいろいろ、そしてコロナ禍の保育や全国フォーラム開催の判断……。次々と難題がふってくる中、子どもたちの自ら育つ力、自然のありように学び、やっぱり常に森のようちえんを通じた出逢いから、「大事なことは何か?」と本質に立ち戻ります。不思議なことに、その都度、会うべき人に出逢い、そこに巻き起こるすべてのことが必然な気がするのです。

　私にとって森のようちえんは「子どもに学ぶ、自然に学ぶ」場として、まだまだ育てていきたい場です。自分が自分でいられて、育ちの原点があって、誰もが帰って来たいと思える場所に。よりよい生き方ができるように仕組みを作りかえ、力を注ぎたいことがてんこもりです。森や川や里や湖で、子どもも大人も元気になって生活に戻っていける、そしてその自然が

すこやかであり続けられるように。やがて大地に還（かえ）っていくそのときまで。森のようちえんに出逢えたことに感謝します。

未来をつくるのは
子どもたちだ

森のようちえん めーぷるキッズ【神奈川県・横浜市】

関山隆一

住所　横浜市都筑区中川中央 1-39-11-1F
　　　（NPO 法人もあなキッズ自然楽校）
活動開始　2009 年
活動日　月〜金　7：30〜18：30
対象　3〜5 歳児
定員　60 名
HP　https://maplekidsmoana.com/（めーぷるキッズ）
　　　http://moanakids.org/（もあなキッズ自然楽校）

A1 『センス・オブ・ワンダー』が みちしるべに

　私は大学4年時に幸運にもカヌーと出会い、その後、「カヌーばか」の生活が始まりました。一般企業には就職したのですが、カヌーの本場である海外で漕ぐ夢は冷めず、1998年、ニュージーランドに渡航、幸運にも国立公園のガイド会社に拾ってもらいプロガイドとして修業の日々がスタートしました。1999年にはパタゴニア日本支社にて次のシーズンが始まるまで日本で仕事をさせてもらい、その後、ニュージーランドへ渡る生活を繰り返していました。

　パタゴニアでは、オーロラのガイドやビッグウェーブを追い求める人やトップクライマーまで、働きながらに夢を追い求める同じ境遇の仲間たちがいました。また、パタゴニアという会社は当初から環境の啓蒙活動を行っていたこともあり、仲間たちと共に遺伝子組み換えや緑地保全など、環境問題に正面から向き合う取り組みにも参加していました。

　日本とニュージーランドを往復する生活を繰り返していく中で、1冊の本に出会いました。それが、レイチェル・カーソンの『センス・オブ・ワンダー』でした。パタゴニアが遺伝子組み換えや大量の農薬使用に反対するアクションを行っていたこともあり、その時代に、レイチェルの代表作『沈黙の春』と出会いました。その後30歳を過ぎ、この先の人生を考えた時、何に貢献していくことがよいのか、迷走していました。その私に道標を与えてくれたのが、『センス・オブ・ワンダー』だったのです。

A2 おしえるのでなく、分かち合いたい

　その後の私は、ニュージーランドというすばらしい国に暮らしながらも、日本人としてのアイデンティティがわき上がり、永住か？　帰国か？　と考えていました。私が行きついたのは、以降の仕事を日本に移し、ここまで世界中の大人を相手にしていた仕事を、日本の子どもたちに対して行おうという結論でした。さらに、これまで経験を積んできた自然体験活動を、これから先も、生業として行っていこうと決意しました。

　次に、日本のどこで活動しようかと考えました。沖縄や北海道も考えましたが、自身が心地よい環境で暮らすことを優先するのではなく、星空や自然にふれ合う機会を失っている都会の子どもたちを対象に、活動を行っていこうと決意しました。自然の中での遊びや自然にふれる経験の少ない子どもたちが、身近な自然にふれることから、いずれか畏敬の念や平和への思いを感じ、考えられる人が次の世代で増えていくことを願い、活動を始めました。

　活動を始めるにあたり、コンセプトワークを行い大切にしたいことを3つ考えました。1つ目は、自然をおしえるのではなく、子どもと同じ世界を味わい、子どもたちと自然をわかち合うこと（Sharing nature）、2つ目は、乳幼児期の人間にとって最も大切な行為である遊びを実践の中心とすること（Play a lot）、3つ目は、保育者も親も地域の人もみんな一緒に育ちあうこと（Family growing together）。

　この3つは、今でも私たちの活動の根源となっています。

A3　0歳、1歳から自然環境を感じて育った先に

　私たちは日常的に、都会の中にある自然公園を主として「森のようちえん」の活動を行っていますが、特別なことをおしえたりすることはありません。わずか0歳、1歳の子でも風にふれ、さまざまな色の葉っぱを、視覚を通して感じています。小さな子どもたちも、身近な環境の中で、目の前にある植物や生きものや人に対して自らふれようとします。子どもたちは感じることを通して学んでいき、その経験がさらに外側の世界へ開いていきます。この感じて学ぶことのくり返しは、いつの日か子どもたちが、平和への思いや遠く離れた人へ思いをはせたり、畏敬の念を抱く人間へと成長してくだろうと思っています。

　教育とは、乳児からすでに始まっていることに気づく必要があります。森のようちえんのような活動を日常的、長期的に経験することによって、おそわらなくとも、人をケアしケアされる体験から、子どもたちは人を慮ることができるようになります。人間が本来持つ「善さ」が子どもの姿を通して見えてくる、子どもを通して大人が学ぶことにもなります。私たちは、そのような子どものすばらしさに感嘆するのです。

A4 子どもってすごいなあ、とただ見守る

　この10数年の間に、子どもたちに何かをおしえたことはほぼ記憶にありません。逆に、子どもたちからおそわったことはたくさんあります。

　おしえたことはありませんが、私が子どもたちの前で好きな歌を大声で歌ったり、ウクレレを弾いたり、ダンスをしたり、大きな木をひょいと登ったりすると、子どもたちは私に対してあこがれのまなざしを向けます。そして、一緒に歌ったり、踊ったり、ウクレレを弾いてみたりします。

　また、子どもたちが話し合ったり、ケンカなどしながらも、お互いをケアしケアされる場面をたくさん見てきました。それを私は、ただ「子どもってすごいなあ」と温かい気持ちで見つめます。よって、私が子どもたちに足場かけをするようなことはなく、見守っていると子どもたちは、自然にいろんなことに興味をしめし、いろんなことに次から次へと挑戦します。それを見て、私は「わーっ」とか「へーっ」とか言っているだけなのです。

　森のようちえんに限ったことではありませんが、保育実践にとって大切なことは、自身が「おもしろがっているか」ということと、子どもたちを「どこまで信じ切れるか」ということなのかな？　と思っています。

Q5 保護者の方に伝えたいこと

 つながりの中で生きることを
大人も学ぶ

　森のようちえんは、子どもと保育者だけでなく、親も含めて成長する場
だと思います。

　子どもが目を輝かせながらどろんこになって遊んでいる姿を見て、親御
さんもそのような活動を「善い」と思い、子どもにとって大切なことが何
かを理解していきます。そして親御さんは、園生活を通して、自身や自身
の子どもや自身の家族だけでなく、他者やほかの子どもやほかの家族とつ
ながることを「善い」こととしていきます。やがて、一人で子育てするの
は困難であることを知り、つながりの中で生きようとします。

　もちろん、人間だけでなく、地域の文化や自然ともつながっていくように
なります。そうすると保護者は、子どもがほかの子どもや、保育者や、地
域の人たちとの関係性の中で生きていることを学び、「自分の子どもだけ」
とか「自分の家族だけ」というような個人主義的な考えから、変容してい
きます。

　森のようちえんに参加する多くの保護者は、現代社会における課題を認
識し、人間として協働することの「善さ」を味わっているのだと思います。

A6 希望の幼児教育

　森のようちえんの世界で起こっている何気ない日常では、小さなコミュニティの中で、人の思いをくみ取ったり、本当にカエルの気持ちになって考えたりします。そうして成長した子どもたちは、いつの日か、世界は人間だけのものでなく、人間が作り出した文明や化学的なものを超えて、世界を理解しようとすると思います。たとえば今自分が立っている地球の反対側で、熱帯雨林が伐採されていることを深く考え、自分ごとであると認識することができるでしょう。そして、伐採を止めるためのアクションを起こそうとするでしょう。彼らは、北半球の3分の2の作物はハチが受粉していることを理解し、農薬を使用しないオーガニックな食品を選択する人間になっていくでしょう。そうした社会に向かって、人々と手をつなぎ、良い方向に進もうとするでしょう。

　森のようちえんで育った子どもたちこそ、社会を変えるための大切な「宝」であり、未来を生きる人々にとっての希望であると感じています。私は、森のようちえんは希望の幼児教育であると信じ、これからも100年、さらに300年先の人たちのために、今を生きたいと思っています。

自分の足で、
人生を歩く

森のようちえん さんぽみち【兵庫県・西宮市】

野澤俊索

住所　兵庫県西宮市甲山（活動場所）
活動開始　2011年
活動日　月〜金　9：00〜14：00（月曜日は自由登園日）
対象　3〜5歳児
定員　25〜30名程度
HP　https://morinoyouchien-sanpomichi.jimdofree.com/

A1　自然体験が
子どもたちの日常になったら

　私は、埼玉県秩父郡にある山あいの集落で生まれ育ちました。兄弟も多く、いつも家の中には小さい子どもがいました。学校から帰ると、山へ行くか川へ行くかを、母に伝えて遊びに行くという毎日を送っていて、私はそんな自然遊びが大好きでした。

　その後、大学でキャンプボランティアをした経験から、野外教育や冒険教育に興味を持ち、学び、経験を積みました。そして、「ネイチャーマジック」という自然学校を設立し、小中学生の教育キャンプを主宰するようになりました。

　キャンプの中では、小学生の子どもたちが生き生きとした姿を取り戻していく姿が見られました。日常の中で失われているように感じた子どもらしさが、非日常体験の中でゆっくりと回復していくように感じました。こうした子どもたちの変化に接しているうちに、子どもたちが日々自然とふれ合い、子ども集団の中で育つことにはとても大きな意義があるという手応えが、確信に変わりました。そこで、このキャンプのような日々が子どもたちの日常になるならば、心の底にしっかりと根づく原体験になると考えるようになりました。

　森のようちえんとの出合いは2007年の全国交流フォーラムin東京でした。幼少期に野山で遊んだ自分の原体験のように、毎日を森で遊び、そこで暮らす子どもたちの場があることを知り、それまでの私の思いと一致したことが、森のようちえんを開園するきっかけとなりました。

A2 自然の中で、まっすぐに

　自然の中で育つ子どもたちを見ていると、自然そのものの大きな教育力を感じます。母性的な安心感を与える一面では、うららかな陽気の中、おだやかな風や小鳥のさえずりに耳をすませ、草花や土や昆虫と戯れて遊ぶことができます。また自然は、父性的なきびしい面を見せることもあります。寒い冬の日、木枯らしが吹く日、暑い夏やどしゃ降りの日。自然は、子どもたちに試練を与えて、「きっとできる。がんばれ」と言っているかのようです。そんな時に子どもたちは、服装や行動を工夫して環境に対処し、遊びます。どんな時でも、「遊びたい」という意欲をもって生きています。

　陰と陽、静と動のコントラストに富んだ自然の中に身を置くことで、春のうららかな陽気を「おだやかな日」だと感じることができます。子どもの育ちは千差万別ですが、自然環境はその子一人ひとりに合った経験を用意してくれるのです。こうした自然の教育力の前では、大人は子どもたちの遊びや生活を、ゆっくり見守り、時に支えて、心に寄り添う存在であればよいのだと思います。

　子どもたちは、自然環境の中でこそ、まっすぐに育つことができると思います。そしてその3年間の経験は、心の奥にしっかりとした根をはり、たくましさや、強い気持ちや、優しさや、おだやかさとして実ります。自然がおしえてくれた経験を心の根っこにもって、これからの人生を、自分の足で歩く子になってほしい。生まれてきたことがうれしい、生きていて楽しい、という気持ちをいつまでも持ち続けてほしいと思います。

A3　自然と共に暮らし、成長する

　日本は南北に長い島国で、その自然環境や文化風習も地域によってさまざまです。長い歴史の中で、その気候に合わせた地域文化が形作られてきて、気候に合わせた暮らし方をはぐくんできました。自然環境のきびしさや災害などに対処しながら、農的な暮らしを基本とするかつての文化では、人とつながることが必然であり、そのつながりをもって社会が形成されてきたと思います。しかし近年、暮らしの不便さやたいへんさをサービスとしてお金で解消する社会に変化してきたことで、文化の均質化が進み、地域に根ざした暮らしや、人とのつながりのあるコミュニティが失われてきました。自然と共にある暮らしは、大変なこともあるけれど、人の社会を健全に形成し、人そのものを人間らしく生き生きと輝かせる力を持っていたのです。人間が自然に備えている人間性を、暮らしの中で育むことが難しくなったとすると、生きることそのものがつらくなってしまうのではないでしょうか。

　私は森のようちえんを通して、人が自然と共に暮らす文化を取り戻していきたいと思います。その社会では、子どもたちがみんな笑って生きているのではないかと思います。自然との暮らしは文化的退行ではなく、未来に向けてより人間らしさを取り戻していくことです。そして文明や科学の進歩を、暮らしに取り込みながらもおぼれず、しっかりと使いこなせる社会をめざしたいと思っています。

A4 「ここにいるだけでいい」という思いで共に歩む

　自然の中は"いのち"にあふれています。多様で変化に富み、躍動し、時に沈黙をもって、目に見えない"いのち"という存在を明らかにします。風や水や土なども、その変わっていくさまを見ると、まるで生きているようです。自然はまるごと"いのち"そのものなのだと思います。その中にいる子どもたちも"いのち"そのもので、だから自然の中にいることが子どもたちの"いのち"をみがき、輝かせていくのもうなずけます。

　そんな「生」がありふれた自然の中にいて、ふと目につくのは「死」です。動物・昆虫の死骸や抜け殻、枯れた木々、枝や落ち葉など、それらは子どもたちの興味関心の的になり、絶好の遊び道具にもなります。

　生きものがある日、もう動かなくなって、昨日までの思い出も、一緒にいることも、ふれることもかなわなくなる「死」。それに直面した時に初めて、人は「生きている」ということを感じ、考え始めるのではないかと思います。

　人間の世界でも、こうした悲しいことが起きることがあります。その時、あたりまえのように繰り返されていた日常が、どれだけ貴重なことだったのかがわかります。「いつもと同じ今日が来て、いつもと同じようにここにいる」ことが、どれだけ幸せなことなのかを、実感するようになります。

　だからこそ今、子どもたちに対して思うのは、ありのままに「ここにいるだけでいい」ということです。その、まるであたりまえのことを、いちばん大切だと感じながら、私も子どもたちと共に歩んでいこうと思います。

A5　子どもはそのままで大丈夫

　子どもが生まれてきたあの日。私たちが初めてその泣き声を聞いた時、どんなにうれしかったことでしょうか。子どもの泣き声をうれしいと思うって、子どもが大きくなると変な気がしますね。でも、いちばん最初はそうでした。その日一日をゆっくり成長していく赤ちゃんを見て、つかんでは喜び、座っては喜びしていたことでしょう。その成長は、ゆっくりでも確実です。それは、子どもの成長が自然の営みだからです。

　大人がどんなにあせっても、大人がどんなにおしえても、子どもたちはその子なりのペースでゆっくりと育っていきます。自然のままに大きくなることは、見えない力をしっかりとたくわえていくことです。生き生きと「生きる」という見えない力は、その子の持っている自然のペースでしか成長していきません。

　その子がその子らしく大きくなれるように、ゆっくりと子育てをするとよいと思います。子どもはそのままで大丈夫。しっかりと育つ力を持っています。泣き声を聞いたあの日からずっと、あなたの子どもが今ここにいてくれることそのものを、とってもとってもうれしく感じることがいちばん大切なこと。赤ちゃんが生まれた時に、親はもう完璧にその気持ちを持っているはず。それが親の愛です。それをいつまでも忘れないでほしいと思います。

　子どもたちが今生きていることそのものをうれしいと感じる人に囲まれてこそ、子どもたちは生きていてうれしい！　生まれてきてうれしい！　と思うことができるようになるのだと思います。

A6 未来も、今も変える力を持っている

　自然の中で育つ子どもたちは、その人生の山も谷も含めて、すべてを生きる喜びに変えていくことができると思います。自分の人生を自分の足でしっかりと歩く子どもたちが、そのまわりにいる人たちも巻き込みながらつくる未来の社会は、すべての人が輝いて生きる社会になるのではないかと夢見ています。そして、めぐる季節のようにゆったりと続く、持続可能な社会へとつながることと思います。

　また森のようちえんに通う親は、園に関わる中で、子どもと共に新しい価値観に出合い、考え、成長していくのです。さんぽみちを卒園していく親たちは、こうして新たに自分の人生を考え始めます。新しい仕事を始めたり、住む場所を変えたり、人生により前向きに、そして社会により主体的に関わるように変化するように思います。この大人たちが生き生きと過ごす社会は、子どもたちの作る未来を待たずに、今そのものを変える力を持っていると思います。

　森のようちえんで過ごすことが、子どもをまっすぐに育み、大人に人生を振り返り考え、エンパワーメントする機会を与えるとするならば、この「ようちえん」の機能は単なる幼児教育にとどまりません。そして大人たちが子どものためによい園を作るという一つの目的のもとに集まり、上下のない関係でコミュニティを作り子どもと共に成長することは、その後の社会作りへと寄与します。そして生き生きと輝く大人を間近で見る子どもたちは、そのエネルギーを、自分のものとして取り込んでいくことでしょう。

野外教育で
心をはぐくむ

くにたち農園の会 【東京都・国立市】
佐藤有里

住所　東京都国立市谷保5119（やぼろじ内）
活動開始　2012年
活動日　木・土　10：00〜13：00
対象　1〜5歳児
定員　20名
＊活動日・対象・定員は「森のようちえん 谷保のそらっこ」
HP　https://hatakenbo.org/sorakko

A1　5人のわが子を空の下で育てたい

　自然の中での子育ては、開放感があって、子どももママも心地よいものです。

　行きたいところへ行ったり来たり、てんとう虫や蟻を見つめたり、小さな雑草のお花をみては「かわいい」と、まだ数えるだけの言葉から自分で選んだ一語を発した子どもと目を見合わせて、ニッコリする。そんな時間が幸せだなと感じていました。

　私は学生時代に野外教育という分野に出合い、海や山、スキー、乗馬などの組織キャンプの活動を通して、遊び学んで生きる楽しさを実感しました。大学卒業後、馬のプログラムを中心に野外体験を提供するビッグマウンテンランチ（静岡県御殿場）で、一年中、馬の上で過ごしたり、南アルプスの山々やキリマンジャロ登山も経験。その後、公立小中学校の講師などをしながら、結婚を機に東京都国立市谷保で暮らしています。心を育む野外教育に惹かれ続け、子育て、仕事、暮らしに取り入れてきました。

　2002年から、2年ごとに子どもを出産し、そのたびに野外で遊ぶ子育て仲間を増やしてきました。谷保地域には、奇跡的に田園風景が広がっています。近くには多摩川が流れ、谷保天満宮には梅林があり、子育て仲間はベビーカーや自転車で集まれる距離感です。子育てするには絶好のロケーションと環境が残るこの地域で、一緒に育ち合う。そんな外遊び親子のコミュニティを作ろうと、第5子が2歳の2013年、イベント型で開催する任意団体「森のようちえん谷保のそらっこ」をスタートしました。

Q2　子どもたちにどんな成長をしてほしいですか？

A2　ありのままに生きよう！

　同時期に、コミュニティ農園「くにたち はたけんぼ」を活用して、子育て支援の輪が広がっていきました。2016年、くにたち農園の会としてNPO法人化し、現在はイベント型の森のようちえん谷保のそらっこ、国立市の地域子育て拠点事業つちのこひろば、認定こども園などを運営しています。

　子どもたちが安心して自分を表現し、失敗したりチャレンジしたり、「ありのままで生きる」体験を積み重ねながら、強さ優しさを心で感じる場作りを心がけています。コミュニティ畑の活動では、野菜の収穫や動物とのふれあい、お餅つき・田植え・稲刈りなどを行っています。乳幼児やその兄弟、さまざまな個性あふれる大人たちが集まり共に作業することで、初めて子育てする親が、多様な関わり方、言葉かけ、考え方、価値観に出合うことができます。「どんな過ごし方が子どもにとってよいのか」を見て知る機会となっています。子どもの心の変化、成長を感じ、楽しみながら、"よい加減"の子育て観を共有しています。

　近年は「旅する森のようちえん」として、夏に北海道へ親子の旅を実施しています。これまで苫小牧のイコロの森や、カニ・イカ漁師さんや酪農家さん、どこまでも続くじゃがいも畑の農家さんたちと交流してきました。地域を離れて、日常にない風景や人びとと出会う経験は、新しい自己発見や次への意欲につながり、子どもたちの成長を願う大人の関係性の深まりも感じています。

す。

A3　楽しみながら自立への　プロセスをたどる

　乗馬などの野外体験は、チャレンジすることがいっぱいです。自立への
プロセスを、「やってみよう！」と楽しみながら積み上げていくことができ
ます。

　幼児の乗馬キャンプでは、大きな馬をコントロールして、外乗（山道や
森林、草原など、野外の自然の中で乗馬を楽しむこと）に出かけます。

　馬との間に言葉がなくても、幼児でも、どうしたらよいか自分で考えて、
自分の意思を馬に伝えよう、やってみようとします。試行錯誤を繰り返し
ながら、馬と意思疎通ができた自信や、あきらめずに何とかしてやり遂げ
ようとする気持ちを次へのステップとして、活かしていくことができます。

　上達する喜びを感じる過程、やり遂げた時の達成感など、野外で遊び学
ぶ体験は、新しいチャレンジにつながります。心をゆさぶられる、思考の
幅を広げる、そんな体験の積み重ねを幼児期にたくさんしてほしいと思っ
ています。自分の心と対話し、心と身体のバランスを整えるすべを身につ
けていってほしいと思います。

A4 子どもと遊び続ける、本音で関わる

　この20年、野外で子育てしながら、その子育てを応援、サポートすることを行ってきました。保護者としても関わってきた自主運営の幼稚園を、認定こども園へ移行することも行いました。「子どもがまんなか」を理念に、保護者と保育者とが話し合いながら、共に作り上げる園と関わることができました。地域の特性を活かした子育て環境をみんなで創って楽しむ世界が、今も引き継がれています。子どもたちと遊び続けること、いつも本音で子どもたちと関わり、地域の方々からもアイデアや元気をもらい、かたちにしていく楽しさを見つけています。

　NPO法人くにたち農園の会では、「土に根ざし、共に育つ、たくましい地域を次世代へ」をテーマ（ビジョン）に、「耕そう！　遊ぼう！　つかみ穫ろう！　東京の田畑で育つ 生きる力」をミッションに掲げています。0歳から12歳の子どもたちが、土も心も耕しながら、遊びを学びにつなげて成長しています。四季を感じ、自然の恵みを享受し、実体験を積み重ねることで、主体的に関わる楽しさを子どもたちは経験しています。幼少期からの野外体験をベースに、自らの生き方を見つけていける、心と身体づくりをサポートしています。

主体的に子育てを楽しむ

　わが家では、助産師さんにサポートしていただき自宅での出産ができました。上の子どもたちは、へその緒を切ったり、出産直後から赤ちゃんのとなりで寝たり、一緒にお風呂に入ったり、新しい命がやってきて共に暮らす生活へ、自然になじんでいきました。お兄ちゃんお姉ちゃんになっていくうれしさも不安も感じながら、家族みんなで赤ちゃんのいる時間を楽しみました。私自身も、命が生まれる神秘を実感し、主体的に、自由に生きる楽しさや幸せを感じました。

　国立市谷保地域では、主体的に子育てを楽しもうとする大人たちがお互いを認め合い、子どもと一緒に楽しんでいます。野外で遊ぶ子どもたちの成長を見守りながら、安心して育ち合う。この子育て観のベースは、地域の町内会、1100年続く谷保天満宮のお祭りにヒントがありそうです。町内会では日頃から回覧板で伝達を行い、子ども会は月に一度、リヤカーで資源回収を行い、子どもも大人も交流が図られます。秋のお祭りには五穀豊穣を願い、地域ごとにお神輿や万灯の準備を進めます。そんな地域密着型のシステムと、人との交流がいまだに残っているのです。貴重な地域の特色が、時代に合わせた形で、引き継がれていくことを願っています。

A6　地域づくりから学校づくりへ

「地域で子育て（利用者）」「子育てしながら子育て支援（スタッフ）」をする中で、協力者がたくさん現れ、今では、コミュニティ畑での子育て支援活動を引き継いだお母さんスタッフたちが、事業を支えています。

　コミュニティ畑を開放し、学校に行きづらさを感じている児童生徒のための教育支援や、保幼小連携のあり方、教育協働の体制づくりを行政と検討しています。野外体験などの体験を重視した学びの多様化学校（公立小学校）の設置や、「馬のいる学校」のビジョンを進めていきたいとも考えています。

　東京都国立市は、人口7万人の小さな市です。コミュニティ畑をはじめ、文化・芸術・スポーツなどの多様な資源と人材を活かし、子どもたちの育ちや学びのあり方を日々追及しています。

　自然保育・野外体験は、自分らしさをみがいてかがやく教育環境です。「主体的に生きる」って、「自分らしく自由に楽しむ」ってどういうことだろう。子どもたちにちょっと難しい問いを投げかけながら、「チャレンジ→克服→喜び」を感じる力を引き出し、自然の中で心をはぐくむ野外保育・教育の場を、地域のみなさんと創り続けたいと思います。

子どもの
ありのままを
発見する場所

森のようちえん まめとっこ【広島県・広島市】

石井千穂

住所　広島県広島市安佐南区大塚東
活動開始　2011年
活動日　月～木　9：30～14：30（延長保育あり）
対象　3～5歳児
定員　15名
HP　https://mametokko.jimdofree.com/

A1　母親の責任という重荷を下ろして

　2008年、当時住んでいた愛知県春日井市で手にした1枚のチラシで、森のようちえんの存在を知りました。その頃、私は生後5カ月の第1子を育てる新米の母親でした。夫と私双方の実家から離れた公団住宅の一室で、長男のかわいさに見とれながらも初めての子育てに不安と責任を感じていました。

　当時の私は、子どもは大人が叱咤激励し引っ張り上げるから育つもので、子どもを立派に育てることが母親の責任だという先入観を持っていました。ところが、森のようちえんのチラシには「子どもには自分で育つ力があります。それを信じて見守る子育てをしてみませんか」と書かれていたのです。その言葉に私の思い込みがこわれ、勝手に背負い込んでいた重い重い肩の荷が下りると同時に、なぜだか「これから私が取り組むのはこれ」と直感しました。保育経験がないどころか、子育ての経験も浅い新米母だったのに、です。

　いずれ広島で森のようちえんを立ち上げるため、愛知と岐阜の森のようちえんで親子会員やスタッフとして経験を積みました。森のようちえんにたずさわる中でいちばんに感じたのは、森のようちえんは子どもだけでなく、お母さんも成長する場だということです。価値観の近い仲間と森での日々を重ねるうちに、子育てが楽しく、楽になっていきました。

　2010年秋に夫の就農で広島へUターンしました。広島でも、子育てを楽しく幸せに感じられる家族を増やしたい。その子らしい成長が尊重される環境を用意したい。私自身もそうした子育てを続けていくために仲間がほしいという思いで、2011年春、保護者が運営・保育に関わる共同保育型の「森のようちえん まめとっこ」を開園しました。

A2 自分のでこぼこを受けとめる

2011年の開園時、世の中は東日本大震災と原発事故の不安に包まれていました。経済性・便利さ・効率優先の世の中への疑問から、子どもの命を守る選択をする人が増えた時代です。情報が少ない中でも自分で感じ考え判断し行動する必要性を、世の母親たちはキャッチしていました。また2020年からの数年は、新型コロナ禍から来る不安の影響か、人と違うことや秩序を乱すことを恐怖に感じる人が増えたようです。

私は、子どもたちには本物の自己肯定感と、多様性を認め合う力を手渡していきたいと考えています。世の中が変わると価値基準も変わりますが、この二つを持っていれば、どんな時代でもしなやかに強く、必要な場面で人と助け合って生きていけると考えるからです。

本物の自己肯定感とは、自分のすばらしさや何かができることだけを自分の価値として認識するのではなくて、でこぼこのある自分をまるごと、「これが自分」と受け容れられること。自分のでこぼこを受けとめられる人は、他者のでこぼこや社会のでこぼこも自然に受けとめることができます。ネガティブな側面を認めた上で、何ができるか考えて行動できるということです。

そのためにまずは、子どもたちに安心を届けたい。生きる土台をはぐくむ幼児期には、何かができるかどうかで優劣のジャッジを下したり、その子のあり方を否定して大人の求める方向に成長させようと躍起になるのではなく、「自分はここにいてもいい」「自分にはでこぼこがある。これが自分」と思える安心感が必要です。

それが、自分もまわりの人も尊重して生かし合う、やさしい社会づくりに役立つはずだと考えています。

森の中で、自分を知り
仲間とつながる力を

　どんな子も大らかに受けとめてくれる森の中で、子ども自身の意欲・興味・関心・発想でとことん遊ぶ保育をしています。子どもたちは失敗や不便な経験、不快な思いもめいっぱい感じていきます。それを味わえる余白を作るため、時間や場所の決まりは少なく、大人の管理的な関わりも、ほとんどありません。自由に遊ぶことで自分自身を知り、仲間とつながり、簡単には折れないしなやかな強さがはぐくまれると考えるからです。変化が大きく先が見えないこれからの時代、試行錯誤や失敗すらも楽しめる力、自分で自分を楽しませる力を肌感覚で獲得してほしいと思っています。

　私が意識的に子どもに手渡していきたい遊びの一つは、摘み草（食べられる野草を採ること）です。野山には食べられる草花、暮らしに活かせる草花がたくさんあります。もう一つは火熾し。着火剤などを使わず、枯れ葉や枯れ枝を集めてマッチで火をつけます。たき火だけでもいいものですが、焼き芋、炊飯、味噌汁づくりが定番です。子どもたちは少しずつマッチや刃物など危険を伴う道具の扱いをおぼえ、火熾しや火の管理が上手になっていきます。摘み草や火熾しは、いざというとき自らを助けることができますし、生きる喜びや楽しみがダイレクトに感じられる遊びでもあります。自然の恵みは、私たちの応援団であり味方です。言葉でなく経験や感覚で子どもたちに伝わればいいなと思っています。そしていずれ、自然や命にやさしい選択ができる人になってほしいです。

A4 共に育つ、仲間同士で

　子どもたちと、対等な関係でいたいと思っています。大人は上、子どもは下という上下関係ではなくて、共に育つ仲間同士の関係です。

　子どもを未熟な人扱いせず、意思のある一人の人として、リスペクトをもって付き合いたいです。大人に対する時と同じように、相手が求めていないのにアドバイスしたり、世話を焼いたりしません。相手の課題を勝手に解決しません。たとえ自分から生まれたわが子であっても、自分の持ちものではなくて独立した個人です。相手の身体や心の領域に軽率に踏み込まず、節度をもって向き合いたいです。

　同時に、「いい人・いい大人」であろうともしません。私自身も誰かの期待に応えようとするのではなく、自分のでこぼこを受け容れて、ありのままでいたいと思っています。子どもの前でも失敗をします。いやなことはいや、できないことはできないと言います。でも逆に、自分ががんばりたいことはがんばります。自分がやりたいことはやります。

　子どもたちには、心はできるだけ自由に、自分のことも他者のことも尊重できる人になってほしいと願っています。私自身もものごとに対する偏見をもたず、失敗をおそれず、身の回りのできごとを楽しむ自分でいたいです。

　このような姿勢で子どもたちと向き合う日々は、発見の連続です。私は私の姿で、子どもは一人ひとりのそれぞれの姿を生きて育ち合う。そんな場所をこれからも続けていきます。

A5 仲間と一緒に、子どもを見守る

　子育ての目的地は？　と聞かれたら、何と答えますか。小さな子どもを育てていると一筋縄でいかないことが多く、ゆっくり考える時間が持てないかもしれません。今日、目の前のことが現実的な問題に思えます。言うことを聞いてほしい、静かにしてほしい、早く上手にできるように……ということがゴールに見えて、思い通りにならない子どもの姿に悩みます。

　本当に望む子育てのゴールは「みんなと同じになること、人の言うことを聞けること」ではないはず。小学校になじめることやいい大学に入れること、結婚できることでもなくて、子ども自身が「いろいろあるけど、人生は楽しい」と思えること。逆境にさしかかっても、あきらめてしまうのではなくて、自分を信じてまた歩み出していけることではないでしょうか。

　親は子どもの人生からいずれ離脱します。親がいつまでもガイドすることはできないし、子どもが失敗しないように先回りして障害物を取りのぞき続けることはできません。子どもの人生の主人公は子どもです。

　だから信じて待ち、見守る子育てです。子どもの人生のハンドルから手をはなすのはこわいかもしれないけれど、だからこそ子どもができるだけ小さいうちから、大きな危険につながらないことは子どもにまかせていきましょう。どの服を着るか、どのおもちゃを選んで、それでどう遊ぶか。日常の小さなことから許せる範囲でまかせてみると、子どもはどんなに小さくても自分で考える力があるんだ！　ということが見えてきます。そうしたら子どもをいっそう信頼できるようになって、子どもにまかせられる範囲がどんどん増えていきます。愛しさも増して、子育てがぐんと楽になりますよ。

　一人では難しかったら、ぜひ森のようちえんへ。仲間となら、子どもの選択をもっと楽しく見守れるはずです。

A6 子育てを喜びにする力

　私が、お母さんたちが関わる森のようちえんづくりを探求してきたのは、母子の幸せのためには仲間が必要だからです。子どもの育ちを共に見つめてくれる仲間がいれば、思い通りにならない子育てを喜びに変えていける力が生まれます。仲間の存在が、子どもの伴走者としての私たちを育ててくれるのです。

　私自身もまめとっこで子育て仲間を得てきた一人です。私にとっていちばんの難所は、長男が小4から不登校になったことでした。学校に行かない選択肢の存在は、頭ではわかっていたつもりが、私自身が学校に行かずに成長する経験をしたことがないので、本当の意味では腑に落ちていませんでした。正直に言うと、長男を追いつめる言葉を吐いてしまったこともあります。でも、森のようちえんの「信じる・待つ・見守る」が私たちを救ってくれました。まめとっこの仲間が私たち家族の状況を待ち見守ってくれ、それで私の不安が軽くなり、私も長男を本当の意味で信じて待ち見守ることができるようになりました。家を安全基地としてエネルギーを回復させていった長男は、完全不登校とパートタイム登校の期間をへて、森の中にある通信制高校に進学しました。本人が自分の人生をあきらめず自分を立て直す姿が見られたのは、まめとっこで長男と重ねてきた子育ち、親育ちの日々のおかげだと断言できます。

　森のようちえんは、人生の困難なできごとも含めて、生きることが愛しくなる場所なのだと思います。何よりの平和活動だとも感じています。これからもできる限りたくさんの親子と、森のようちえんをわかち合っていきたいです。

子どもの今を
信じて待つ

しずおか森のようちえん **野外保育ゆたか**【静岡県・静岡市】

京井麻由

住所　静岡市清水区草薙、馬走地区
活動開始　2015年
活動日　月〜金　9：00〜14：30
対象　2〜5歳児（2歳児は週2で保育）
定員　32名
HP　https://yhyutaka.com/

A1　「ここ」こそが
子どもが育つ場所だと直感

　私と森のようちえんの出会いは2006年。当時は2歳と3歳の年子を育て
る母でした。子育ては楽しさや喜びもあるけれど、幼いわが子2人とずっ
と家の中にいるのはつらく、あちこちに出歩く毎日を送っていました。

　あるイベントでチラシをもらい、静岡市の日本平の里山で行われている
自然遊びの会に参加しました。子どもの好きなように、はらっぱや森の中
で遊ぶ、虫やトカゲとも出会えるその会は、子どものびのび楽しそうで
したし、何より私がとってもワクワクする最高の1日となり、「こここそが
子どもが育つ場所だ!」と直感しました。週1、2回、わが子を連れて里
山に通い始めたある時、その会のスタッフが森のようちえんの存在をおし
えてくれました。静岡にも日常預かり型の森のようちえんがあったらわが
子を通わせられるのに、と思いながら探しましたが、残念ながら当時は存
在せず、仕事を始めたこともあって、わが子は公立の保育園に入園しまし
た。仕事をしつつ、前述の自然遊びの会のスタッフとして手伝う中で、今
一緒に森のようちえんをやっている仲間と出会い、全国交流フォーラムに
も足を運ぶうち、静岡に日常型の森のようちえんを作りたいという思いを
強くしていきました。森のようちえんに出会ってから8年目に、仲間2人
と野外保育ゆたかを開園しました。

A2　「満たされている」と感じる心

「いやあ、今日は晴れてほんとよかったね、ありがたい！」

　ただお天気がよいだけで、今日もこの活動ができたことに深く感謝する気持ちがわいてきます。こういう些細なことで喜びを感じ、「満たされている」と思えることは、生きる幸せにつながっているのだろうと思います。子どもたちには、自分の日常を「満たされている」と思える心を持った大人になってほしいなと願っています。

　吹く風が気持ちいいだけで幸せを感じられる、その心は幼い時に自分のまわりの色々なものに「心動く」経験をたくさん積み重ねることで、育まれるのではないかと感じています。葉っぱの上にいるイモムシを見つけて、その動きに魅了されじっと観察することを通して、自然の中に人間以外のさまざまな生きものの世界があることを体感します。気づかないだけで、「心動く」世界は実は自分の身のまわりに無数にある。それを身を持って知っていることは、この先どうしようもない壁が立ちはだかった時にも、必ずやその人の力となるでしょう。

　一人一人が些細な喜びを日々たくさん感じ、「満たされている」と思えるだけで、平和な世の中が実現すると信じています。

A3 おたがいさまのコミュニティ

　2022年9月、静岡市は台風の影響によって一晩で大量の雨が降り、市内の一部地域が床上浸水、そして1週間ほど断水の事態となりました。ゆたかの在園児、卒園児、スタッフの家庭も一部被害を受けました。

　ゆたかはドライブスルースタイルで登園をしていますが、台風明けの朝、断水をまぬがれた家庭から、備蓄水やレトルト食の段ボールがどんどん降ろされました。スタッフはその箱を、次に来た断水中の家庭の車に積み込んでいきました。洗濯を請け負う人、友だちの家にお風呂を借りにいく家庭、ゆたかのコミュニティの中で助け合いが自然に起こっていました。

　ゆたかの子どもたちは群れて、戯れて、ごちゃごちゃした中で育っています。時にトラブルも起こりますが、子どもの成長過程の表れとして、家庭間もおたがいさまの大きな気持ちで見守ってくれています。

　「困っていても頼り方を知らない」。これは災害時に支援者からよく聞かれる声です。事前に支援の仕組みを準備していたわけではない中、この台風時のような動きが自然に生まれるのは、顔の見えるコミュニティで、日ごろから持ちつ持たれつの関係性を築いているから、「遠慮なく頼る」ことができたのだと思います。

　子どもの成長をたがいに見守る森のようちえんのようなコミュニティが増えれば、どんな人でも、何があっても、ゆるぎない安心感の中で、たがいを尊重しながら幸せに暮らせる世の中になると信じています。

A4 ごちゃごちゃの中に 子どもも大人も一緒にいる

　森のようちえんに限らず、どこの園にもいると思うのですが、よく友だちとトラブルになる子が当園にもいます、Aくんとしましょう。最後は相手を泣かせてしまうこともあります。小競り合い程度のことはどの子でもあるのですが、Aのようなタイプはひっこみがつかなくなってしまうのです。どこかで大人が介入する方がいい場合もありますが、あまり早いタイミングで大人が入ると、周囲の子たちは「Aが悪かった」と見てしまいます。介入のタイミングが難しく、大人も悩みます。どうしようかと大人が考えている時間、周囲の子も同じように、どうしようかと考えをめぐらせています。当事者2人のトラブルだったものが、みんなの中で自分ごとになってくる。すると、Aがひっこみつかなくて困っている感じが子どもたちにも伝わるように思います。Aも、相手も、周囲の子も、大人も、みんなでどうしよう、困ったになる、そういう次元が生まれることを大切に思っています。子どものトラブルはきれいに解決することはめったになく、よくわからないままなんとなく収まったり、けんか別れになったりします。このごちゃごちゃした感じの中に子どもと大人が同じ心持ちで一緒にいる、そんな場を大事にしています。

　正しいものは何かを常に考えさせられ、問題が起きたら責任がどこにあるかが問われる現代社会ですが、ものごとは単純ではなく、いろいろな要因がからまり合って起こっているものです。当事者意識とは、ごちゃごちゃの中で育つことで獲得していく感覚ではないかと考えています。

A5 親が「信じて待つ」難しさ

　我が家の年子はまもなく成人を迎えます。二人とも中学で不登校を経験。息子は丸3年近く、娘は2年、学校に通いませんでした。その渦中にいた時は、親の私も、彼らが社会から孤立しないようにと右往左往しました。高校生になって少し落ち着いたころに、「あの時は相当しんどかったけど、不登校になって、結果はよかったよね」と二人して言葉にしていました。不登校になったからわかったこと、考えたことがたくさんあるそうです。親としては、「信じて待つ」ことの難しさを身をもって味わい、時には深い海の底にいるような気持ちにもなりましたが、自分自身がいろんなものに囚われていたことに気づかせてもらいました。そして、道筋はそれぞれでしたが、彼らが再び社会に向かっていく過程には、周囲の大人や友だちの存在が欠かせないものでした。

　今や20万人を超える不登校の子どもたち。公教育や公的な機関が彼らにとってうまく機能していくようにと願いますが、今置かれている環境の中で、子どもは何かしらを考え、表には見えなくてもその時間は必ずや彼らの人間形成の糧になっています。親が「信じて待つ」ことと、外の環境や支援とうまくつながっていくことで、子どもは自ら道を歩んでいきます。私も親としてはまだまだ未熟でわが子とぶつかる時もあり、本人たちもまだまだ行きつ戻りつしていますが、森のようちえんでの保育と同じく、最後まで「信じて待つ」を心がけていくつもりです。

A6 ここに集う人たちと共に

「始めるならやめてはいけない。やめるときには誰かに引き継ぐ」

　野外保育ゆたかを始める時、自分の中で決めたことで、今も変わらず強く思っていることです。保護者の方々は3〜4年、この園で子どもを育てると決めて入園してくださいます。途中で閉園しますと私から言うことはできません。だから、自分が元気なうちに誰かに引き継げる形にすることが今の目標です。

　ゆたかは認可外保育施設なので、行政からの補助はありません。毎年ギリギリの経営状態です。こんなギリギリなものを誰かに押しつけることはできないので、あと10年で安心して誰かに引き継げる形にすることが、私の役目だと思っています。経営面だけでなく、酷暑、フィールドの問題など課題は山積みです。

　こんな大変な状況にもかかわらず、続けられている理由は一つ、ここに集ってくれる人たちがいるからです。

　ゆたかのスタッフはいつだって子どもの気持ちを第一に考え、本当にすばらしい関わり方で日々現場にいてくれます。スタッフミーティングは毎回充実した楽しい時間です。毎週夜通し話したいくらいです。ゆたかに毎日来てくれる子どもたち、私たちを信頼してお子さんを託してくださる保護者のみなさん、そしてこんな私たちを見守って応援してくれるサポーターの方々、多くの方が直接的、間接的にゆたかに関わってくださっています。

　子どもの人数は30人ほどの小さな園ですが、ゆたかに関わるたくさんの方たちのパワーがあるからこそ、今日も子どもたちが自由に遊びこむ場を創ることができています。

都市ワーカーの母たちが立ち上げた森のようちえん

かたのの森のようちえん いしころえん【大阪府・交野市】

岩渕裕子

住所　大阪府交野市私市 7 丁目 19-13
活動開始　2016 年
活動日　火～金　9：30～14：30（長期休みあり）
対象　3～5 歳児
定員　25 名
HP　https://ishikoroen.com/

A1 おむつなし育児から 森のようちえんへ

　いしころえんは、3人のお母さんが立ち上げた森のようちえんです。経験してきた業種も、IT関連、広告、アパレルとばらばらです。自然とはかけはなれた大都市で働き、その後、母になった女たち。唯一の共通点は、助産院や自宅でのお産を経験していることでした。なお、いしころえんでの私の役割は、「代表」と「おやこ組スタッフ」「運営事務全般」で、今は年長児の保護者でもあります。代表でありながら保育はしない少数派ですが、こんなパターンもあるのねと知ってもらえたら幸いです。

　私には4人の子どもがいます。1人目はとにかく必死で駆け抜け、2人目が生まれてから布おむつを始めました。手間は増えているのに、幸福感は増える不思議。そして、理屈ではない、生物としての勘や命への信頼感が増し、苦手と思っていた子育てがおもしろく感じるようになりました。今思えば、自然そのものである赤子の一連の身体性に、センス・オブ・ワンダー（神秘さや不思議さに目を見張る感性）が発動していたのでしょう。さらに「おむつなし育児」（赤ちゃんの排泄に気持ちを向けて、なるべくおむつの外で排泄する育児法）を知り、ますますその世界へとのめり込みます。生後間もないわが子から発せられる排泄サインを受け取れるようになると、子どもは「育てる」というよりも、「自ら育つ」存在であるとわかります。

　仕事を辞めて専業主婦となり、3歳と1歳の子どもたちを家でみていた時期がありました。下の子はまさに「おむつなし育児」を楽しんでいたちょうどそのタイミングで、偶然にも森のようちえんを知りました。見わたせば、わが町交野は半分が山林というロケーション。この町にも森のようちえんがあってほしい！　そんな思いからSNSで発信したら、思った以上のリアクションがありました。お産でお世話になった助産院、岸本先生の「じゃあ来年開園決定！」という一言にも背中を押され、いしころえんが未来に向かって転がり始めました。

Q2 子どもたちにどんな成長をしてほしいですか？

 いしころのようなでこぼこが、
        希望のカタチ

　いしころえんが誕生して間もないころ、子どもという存在をどうとらえ、どう育ってほしいと願うのか。個々に点在していた思いのかけらをかき集め、その全貌をみてみよう！　と試みたことがありました。各自、思いつく限りのキーワードを付箋（ふせん）に書き出して、それらを文章としてまとめ上げたものがこちらです。

でこぼこしてても大丈夫。
成長の道のりはみんなでこぼこ。
七転び八起き。それはいずれ強さと優しさに変わると信じているから、
いしころえんは見守ります。
遠回りしているように見えても、立ち止まっているように見えても、
わたしたちは待ってみたいのです。
今ここの感覚・感情をたっぷりと味わい尽くす日々。
幼い頃のその豊かな体験がきっといつか
自分の足で人生を歩んでゆく自信と安心の土台になると思うから。
ひとりひとりの、いしころのようなでこぼこが、希望のカタチ。
でこぼこのままの自分を愛し、その愛がまわりに溢れ出る未来を
緑に包まれて泣き笑い小さなひとたちの姿に重ねて。
今日もこの地球で思いっきりあそぼう！

　これは、子どもたちへの願い・メッセージであると同時に、命を産み落とした母としての誓（ちか）いのようなものだったのかもしれません。人は、本当の自分を生きて初めて、利他の精神とその実行力を持つのではないか。だとすると、まずは真剣に自分を味わいつくさなければならないし、それが幼少期の遊び（自分の内側からわき上がり行動したすべての行為）の役目であると考えます。

151

森のようちえんの その先にみる世界

　立ち上げから3〜4年くらいたったころ、この保育活動を通して私たちは社会に何を実現したいのかな?　という問いを立ててみました。出た答えが、「いしころえんのミッション」です。

　いしころえんには保育スタッフ以外にも、地域のさまざまな世代、立場の大人たちが関わってくれています。毎年なじみの助産師さんたちを招いて、子どもたちへの性教育の一環として「からだのおはなし会」を開催したり、地域の農家さんにご指導いただいて、田植えや稲刈りを体験させてもらったり。拠点を共にしている「一般社団法人根っこわーくす」さんは、小中学生を対象に野外活動をしている団体なので、卒園後も子どもたちは関係性を継続していくことができます。

　満たされ自立した人からあふれ出たエネルギーはおのずとまわりへ注がれ、結果として「人のため」「環境のため」「未来のため」にも勇気を使える人になるのではないでしょうか。承認欲求だけからの行動や共依存では、いずれ疲弊してしまいます。本当の自分を生きる自立した人が増えることが、よりよい社会の実現へとつながる気がしています。

いしころえんのMISSION（果たすべき使命）

自然とつながり、五感をひびかせ、 本当の自分を生きる力を育む

個
わたしはわたし
自分の"でこぼこ"をゆるし
堂々と自分を表現して生きている

多様性
森羅万象がそれぞれの持ち場で
個々が自分らしく存在し
互いを尊重することで全体が調和している

VISION
いしころえんは
こんな世界を
つくります。

地域社会
子どもを社会の真ん中に
産まれてから死ぬまで
途切れのないゆるやかなつながりのなかで
おとなも子どもも育ち合っている

環境
地球人としての自覚をもって
子どもたちに手渡す未来のために
自然とつながり
緑豊かで生命あふれる地球が守られている

A4 人生にこそ感受性をつかうべし

　現代社会の中で、自然と共鳴する肉体を持つことは、時に難儀（なんぎ）なもので
す。たとえば均一主義的な社会に対して、人間はあまりにも個体差が大き
いですし、世間での「こうあるべき」がじつは取るに足らないことだった
り、その逆に「くだらない」とされることの中に宝物があったりもします。
「じゃあ、どうするの？」といえば、やっぱり「感覚を取り戻せ」というと
ころに行きつく気がします。自然とつながり、五感の響（ひび）きを全身で受け止
めよう。肚（はら）の底から感受できるかしこい身体があれば、人生に迷った時に
も「こっちだ！」と指し示してくれる羅針盤（らしんばん）となるはずです。
「知ることは感じることの半分も重要ではない」とは、レイチェル・カーソ
ンの名著『センス・オブ・ワンダー』（上遠恵子訳／新潮社／1996年）の
有名な一節ですが、決して「知ることは無駄なことだ」という意味ではな
く、重要なのはその順番と使い方であると私はとらえています。人生の岐（き）
路に立った時は、まずは目の前の事象をよく見て感じきること。そして身
体（内蔵感覚）をたよりに方角を定め、その後に確認や行動するために脳
（知性）を使う。それがもっとも自然な人間性の在り方のような気がします。
何ごとも実験だと思って「感じて→思考して→必要に応じて軌道修正」こ
のサイクルを楽しめるようになりたいものです。仕事、人間関係、パート
ナーシップ、お産・授乳、教育、医療や感染症のとらえ方まで、自分らしく
人生を歩むために、感受性を発揮すべき場面はたくさんあります。だから

こそ、自分と向
き合う孤高の時
間みたいなもの
もまた、とても
大切だと思うの
です。先述の
「いしころえん
のミッション」
にもつながりま
す。

A5 いしころえんを支えるもの

　子どもたちに「でこぼこしてても大丈夫」と願う一方、その過程を見守る大人はどうあるべきなのでしょうか？　危ない！　汚い！　ごめんなさいは？　ありがとうは？　順番！……あーだこーだと、さまざまな場面で私たち大人はつい先回りしたくなってしまいます。しかし、子どもの世界はじつに豊かに、ゆっくりと時が流れているものです。だからこそ、その子なりのスピードで目の前で起きていることを咀嚼し・じっくりと思考をめぐらし・存分に心を揺らし・時にその結果として不快や失敗も引き受ける自由が尊重されるべきなのだと思います。

　大人の都合で、子ども自身が体験する機会をうばわないということ。わかっちゃいるけどもどかしく、葛藤もある。特に家庭での実践はなかなかハードですよね。密室育児だったらなおのこと。だからこそ、親だけで育てようとせず、園と家庭とがチームとなって、そのもどかしさと愛おしさをわかち合いながら、共にのりこえていきたいのです。

　加えて、いしころえんはメインフィールドである植物園の職員さんや神社の宮司さんのご理解、里山保全団体のみなさんをはじめ、たくさんの地域の人たちや行政にも支えられています。2021年には交野市自然保育推進交付金が新設され、全国的にもめずらしい市による野外保育への公的支援が実現されました。子育てを親だけ、園だけでなく、子どもを真ん中にした地域にも支えられている事実を再確認することで、親も勇気づけられる気がしています。

星降るまち交野のピュシス

　私自身、お産のたびに少しずつ「人が育つとはどういうことなんだろう?」と、本質的な問いの世界へわけ入ってきたような気がしています。そしていしころえんを立ち上げる1年ほど前、おむつなし育児を楽しみ始めた時期に、森のようちえんに出会いました。点と点がビシッとつながった感覚に「これだ!」と、心の底からワクワクしたのをおぼえています。

　ネイチャーと英訳される自然環境とは別に、万物や大宇宙、自然を表すピュシスという概念があるそうです。そのように自然をとらえ直してみると、交野はピュシスの唄があちこちから聴こえてくるような気がします。「星のまち」と言われる所以でもある隕石落下の歴史（星降り伝説）や巨石信仰。「いしころえん」と命名したのはまた別の由来だったのですが、ふり返るとなんとも導かれた感。おまけに交野市民憲章は日本一短い「和」の一文字の後に、「（自然と・文化と・人と）」と続きます。私たちのミッションとも重なり、「いしころえん、ここでやらずしてどこでやる!」と勝手に感じています。

　この現代社会、「うちの子さえよければ」という考えでは通用しません。だって、すべてつながっているのだから。でも、もっと正直に言えば「森のようちえんはこんなにすばらしいんだよー!」と、ただ叫びたかったのかもしれません。本当によいものって独り占めになんかしておけなくて、みんなでわかち合いたい!　と思ってしまいますよね。万能ではないけれど（つまりはでこぼこ!）、いしころえんにはいしころえんにしかできないお役目があると、掲げたミッションを胸にコロコロと歩んでいきます。

～ おわりに ～

　2000年前後、子どもがホームレスに暴力をふるったり、殺人に及ぶなど悲惨な事件が起こりました。学校でのいじめが問題になり、いじめの存在を認めない学校現場の体質も露わになりました。子どもの自死、忙しさに翻弄される教師、学級崩壊、モンスターペアレンツへの対応、近年は幼児教育の現場での不適切な保育、親の虐待など、日本の子育ては4当5落と言われた受験戦争時代の遺産を引き継ぎながら、ますます泥沼化した道を歩んでいます。こうした背景が、森のようちえんへの期待を高めたとも言えると私は思っています。2000年代後半からの15年間で全国各地に次々と森のようちえんが開園しました。推定値ですが300カ所くらいにはなるでしょう。

　2005年に第1回目の森のようちえん全国交流フォーラム in 宮城が、宮城県くりこま高原で開催されました。開催を呼びかけたのは、くりこま高原自然学校の佐々木豊志氏でした。彼は当時、くりこま自然学校においてひきこもりなど、社会から置き去りにされた青年たちと共に暮らす中で、かれらの幼少期に目を向けていました。幼少期の子育て環境が、その後の青年期にもさまざまに影響していると佐々木氏は語っていましたし、幼少期の子育てを見直すべきとも言っていました。

　第2回目は2006年、森のようちえん全国交流フォーラム in 北海道が北海道登別市にて、2007年には第3回森のようちえん全国交流フォーラム in 東京が開催、全国ネットワーク設立準備会が設置されました。そして2008年、第4回の森のようちえん全国交流フォーラム in 長野において、森のようちえん全国ネットワークの設立となりました。

　全国組織として森のようちえん全国ネットワークが設立されたことで、森のようちえん全国交流フォーラムが、毎年日本の各地域をめぐるかたちで開催され、森のようちえんに関する情報交流が活発に行われるようになりました。加えて、森のようちえん全国ネットワーク主催の指導者養成講

座や、森のようちえんカフェと題して、森のようちえんについて気軽に語り合う場も作られました。

　森のようちえんの普及に森のようちえん全国ネットワークが力を注いできたことはたしかですが、森のようちえんのムーブメントは、幼い子どもの成長を一途に考える人たち、子育て中の親のグループや志を持つ保育者によって、草の根的に広がってきたと言うべきでしょう。

　2015年、長野県で「信州やまほいく（信州型自然保育）認定制度」が設けられたのを皮切りに、ほかの自治体でも森のようちえんの認証・認定制度が生まれました。認可外保育施設から地方裁量型・保育所型認定こども園となった園も出てきました。しかし、ほとんどの森のようちえんはごく小さなグループですし、行政や国の援助のない中で独立した運営をしています。子どもへの愛情と保育への熱意を糧に、このもっとも価値のある職務を行っているのです。それは、そこで成長する子どもたちの真の力を見ているからなのです。

　本書は、森のようちえんを始めた人たちが何を思い、どのような原動力で森のようちえんを始めることになったのか、森のようちえんとは何かということを知ってもらうための本です。ここから、今の子育て環境や状況がどうなっているかを読者に考えていただければと願っています。そして、本書で紹介する取り組みが、将来の成長した子どもたちの力になることを知っていただきたいと考えています。

2023年9月8日

内田 幸一

執筆者略歴 （掲載順）

堀真一郎 （ほり・しんいちろう）

学校法人きのくに子どもの村学園理事長・学園長。京都大学教育学部卒業、同大学院博士課程中退。学術博士。元大阪市立大学教授。1992年、きのくに子どもの村小学校を和歌山に開設。以後、福井、山梨などに5つの小中学校と、高等専修学校を開く。著書に『自由学校の設計』、『きのくに子どもの村の教育』（ともに黎明書房）など。

小林成親 （こばやし・なるちか）

NPO法人山の遊び舎はらぺこ代表。長野県の保育園で14年勤務後、保護者とはらぺこを立ち上げる。2023年度より地方裁量型認定こども園に移行。NPO法人森のようちえん全国ネットワーク連盟理事長。長野県野外保育連盟理事。

嘉成頼子 （かなり・よりこ）

社会福祉法人森の風学舎理事長。2007年「森の風ようちえん」設立。幼児教育無償化をきっかけに2020年社会福祉法人森の風学舎設立、2021年保育所型認定こども園「森の風こども園」を開園。

中島久美子 （なかじま・くみこ）

森のピッコロようちえん代表。幼児教育家。横浜・山梨で幼稚園・保育園に勤務後、2007年森のようちえんを立ち上げる。全国で保育実践の講演を行う。著書に『森のピッコロ物語』（中村堂）。

中澤真弓 （なかざわ・まゆみ）

一般社団法人森のようちえんぴっぴ代表。4人の子育て後、東京で20年間幼稚園勤務。野外保育連盟副理事長、上田女子短期大学非常勤講師、長野県教育委員を歴任。

浅井智子 （あさい・ともこ）

自然育児森のわらべ多治見園園長。保育士＆幼稚園教諭・心理カウンセラー、「母と子の幸せ応援団〜ひなたぼっこ〜」代表。著書に『お母ちゃん革命　日本一アツい多治見の森のようちえんの物語』（MORIWARA）。

小林直美 （こばやし・なおみ）

自然保育森のたんけんたい園長。幼稚園に5年勤務後、1997年に自主保育サークル「森のたんけんたい」を立ち上げる。2013年から専任保育者による保育・運営に移行。

沼倉幸子 （ぬまくら・さちこ）

一般社団法人森のようちえんはっぴー代表。日本体育大学女子短期大学保育科卒業。千葉市私立幼稚園11年勤務の後、2011年に森のようちえんを開園。NPO法人森のようちえん全国ネットワーク連盟副理事長。

岡本麻友子 （おかもと・まゆこ）

森のようちえんウィズナチュラ代表。常磐会短期大学卒業後、私立保育園に勤務。美容業界に転職後、2010年に森のようちえんを開始。NPO法人森のようちえん全国ネットワーク連盟副理事長。

辺見妙子 （へんみ・たえこ）

NPO法人青空保育たけの子代表理事。保育士、幼稚園教諭。森のムッレリーダー養成講師、准認定ファンドレイザー。

松下理香子 （まつした・りかこ）

森のようちえんぴっぱら代表。北海道札幌トモエ幼稚園スタッフを経て、北海道上川郡で学童保育の立ち上げ、運営に没頭。カフェ営業を経て森のようちえんを始める。

西澤彩木（にしざわ・さいき）
せた♪森のようちえん代表。私立園、国立大学附属幼稚園に勤務後、森のようちえんを始める。しが自然保育ネットワーク代表、滋賀大学教育学部非常勤講師。

関山隆一（せきやま・りゅういち）
NPO法人もあなキッズ自然楽校理事長。NPO法人森のようちえん全国ネットワーク連盟理事。田園調布学園大学大学院人間学研究科子ども人間学専攻修士課程修了、九州大学大学院人間環境学府都市共生デザイン専攻博士課程在学中。東京都市大学人間科学部非常勤講師。共著に『子どもの遊びを考える』（北大路書房）。

野澤俊索（のざわ・しゅんさく）
森のようちえんさんぽみち園長。神戸大学理学部地球惑星科学科卒業。NPO法人ネイチャーマジック理事長、兵庫県自然保育連盟理事長、森のようちえん全国ネットワーク連盟理事。

佐藤有里（さとう・ゆり）
森のようちえん谷保のそらっこ元代表。NPO法人くにたち農園の会副理事長、NPO法人森のようちえん全国ネットワーク連盟理事。東京学芸大学大学院教育学研究科教育協働研究修士課程在学中。

京井麻由（きょうい・まゆ）
森のようちえんの開園を夢見て2010年保育士資格取得。2015年野外保育ゆたか開園。NPO法人森のようちえん全国ネットワーク連盟理事。

石井千穂（いしい・ちほ）
森のようちえんまめとっこ代表。元日本語教師。独学で保育士資格を取得、2011年にまめとっこを開園。アドラー心理学ELMリーダー。

岩渕裕子（いわぶち・ひろこ）
一般社団法人いしころえん代表理事。大学卒業後IT関連企業に勤務。現在5歳・9歳・12歳・14歳の4児の母。

写真提供 ————————

p1,8〜17　内田幸一／p20〜27　小林成親／p28〜35　森の風こども園／p36〜43　ちびっこぷれす編集部／p44〜51　森のようちえん ぴっぴ／p52〜57　浅井智子／p58〜59　佐藤範裕（KAWAKITA FILM WORKS）／p60〜67　岩山加奈枝（森のたんけんたい）／p68〜69・71〜75　森のようちえんはっぴー／p70　ミイ／p76〜83　森のようちえんウィズ・ナチュラ／p84〜91　青空保育たけの子／p92〜99　北陽子／p100・102〜104　金子龍太郎（龍谷大学）／p101・105・107　せた♪森のようちえん／p108〜115　by もあなキッズ自然楽校／p116〜123　森のようちえん さんぽみち／p124〜127,129〜131　森のようちえん谷保のそらっこ／p128　株式会社テニテオ／p132　寺本光児（写真家）／p133〜139　森のようちえん まめとっこ／p140〜147　野外保育ゆたか／p148〜155　かたのの森のようちえん いしころえん

カバー　森のようちえん さんぽみち

内田 幸一（うちだ・こういち）

1953年東京生まれ。東京写真専門学校報道写真科卒業、和光大学人文学部人間関係学科卒業。1983年、長野県飯綱高原に子どもの森幼児教室を開園。NPO法人森のようちえん全国ネットワーク連盟初代理事長。野あそび保育みっけ園長（長野県飯田市）、野あそび保育ささはら園長（長野県茅野市）、こどもの森幼稚園顧問（長野県長野市）、長野県野外保育連盟理事長。著書に『森のようちえん的子育てのすすめ　年齢別アドバイスとQ&A』（2015年、解放出版社）。

日本の森のようちえん
自然の中で感性が育つ

2023年10月30日　第1刷発行

編著者	内田 幸一
ブックデザイン	わたなべひろこ
発行者	中野葉子
発行所	ミツイパブリッシング
	〒078-8237 北海道旭川市豊岡7条4丁目4-8　トヨオカ7・4ビル　3F-1
	電話 050-3566-8445
	E-mail : hope@mitsui-creative.com
	http://www.mitsui-publishing.com
印刷・製本	シナノパブリッシングプレス

©Koichi UCHIDA 2023, Printed in Japan
ISBN 978-4-907364-32-8